싱가포르, 이곳

| 장기웅 지음 |

여행마인드

인쇄	2013년 04월 20일
발행	2013년 04월 22일
지은이	장기웅
펴낸곳	여행마인드(주)
발행·편집인	신수근
편집디자인	조예슬, 조영학
등록번호	제 0-1997-103호
주소	서울 관악구 청룡동 1592-9 동산빌딩 403호
전화	02.877.5688
팩스	02.6008.3744
이메일	samuelkshin@hanmail.net

ISBN 978-89-88125-25-0 부가기호 03800
정가 13,500원

싱가포르, 이곳

| 장기웅 지음 |

여행마인드

Contents

#000　프롤로그 · 012

#001　스콜 · 016

#002　출근 · 018

#003　보기만 해도 · 022

#004　리틀 인디아 · 024

#005　고의적 체류 · 028

#006　손잡게 되는 곳 · 030

#007　시간명사 · 034

#008　사진을 잘 찍고 싶은 이유 · 036

#009　새끼손가락 · 038

#010　이스트 코스트 파크 · 041

#011　비가 서쪽에서 내리면 · 044

#012　캐리비안의 해적 · 046

#013　어쩌다가 · 048

#014　기억하게 하는 곳 · 050

#015　병아리 느낌 · 052

#016　클라키 · 054

싱가포르, 이곳

#017   어떤 날 · 056
#018   동물원의 기적 · 058
#019   좋다. 안 좋다! · 062
#020   국경을 넘어 만났던 '앨런' · 064
#021   '안다'는 것 · 070
#022   테두리 · 072
#023   딱 하루면 된다 · 076
#024   이것도 또한 딱 하루면 된다 · 080
#025   너와 나 · 082
#026   그럴 수밖에 없었던 저녁 · 084
#027   홀랜드 빌리지 · 088
#028   바라는 점 · 090
#029   각선미 장려 정책 · 092
#030   계주 · 094
#031   인사 · 096
#032   이곳 남자 홍보기 · 100
#033   오차드 로드(Orchard Road) · 102

#034   기후(期後)변화 · 108

#035   저금통 · 110

#036   산책 · 112

#037   주는 사랑의 결핍 · 114

#038   질투 · 116

#039   공통점 · 120

#040   여행과 체류와 사랑의 삼각관계 · 122

#041   꽃처럼 사랑하라 · 124

#042   마리나 베이 샌즈 · 128

#043   희망 · 130

#044   버스 데이 · 132

#045   커피 쿠폰 · 134

#046   멀어, 멀어, 멀어 · 136

#047   지금 · 138

#048   일기예보 · 140

#049   떠나야만 했던 사람들 · 142

#050   도로 위에 핀 꽃 '라오빠사' · 146

#051   이곳 · 150

#052   때마침 · 154

#053   받쳐주기 · 156

싱가포르, 이곳

#054	사람과 사람 ·	158
#055	소개팅 ·	160
#056	그 섬 '센토사' ·	162
#057	언어의 동물 ·	166
#058	운수 좋은 날 ·	168
#059	물들이기 ·	170
#060	사랑과 이별의 수순 ·	172
#061	술래잡기 ·	176
#062	윔블던 우승컵 ·	178
#063	우린 모두 알고 있잖아 ·	180
#064	허브(Hub) ·	182
#065	만남 ·	184
#066	어제 만났던 택시기사 ·	186
#067	할 수 있는 것부터 ·	190
#068	배려 ·	192
#069	봄 ·	196
#070	그대가 되길 ·	198
#071	겨울이야기 ·	200
#072	콜라 반 캔 ·	202
#073	마음먹는 순간 조급해지는 거야 ·	204

#		
#074	간기 · 206	
#075	슬리퍼 차림 · 208	
#076	아무래도 좋아! · 210	
#077	말레이시아 같은 사람 · 212	
#078	왜 그러냐면 · 216	
#079	표현하라. 어떻게든 · 218	
#080	소심하게 사랑하라 · 222	
#081	무서운 것 · 224	
#082	인사 · 226	
#083	한낱 실오라기 · 228	
#084	잊지 말아요 · 230	
#085	거짓말 · 232	
#086	엄마와 아이 1 · 234	
#087	엄마와 아이 2 · 236	
#088	감사 · 238	
#089	역전 드라마 · 240	
#090	한국어의 우수성 · 242	
#091	사람이 꽃보다 아름다운 이유 · 243	
#092	익숙하다는 것 · 246	
#093	그럴 때 · 248	

싱가포르, 이곳

#094 베짱이의 사랑 · 250
#095 처음 그리고 마지막 · 252
#096 마지막 · 256
#097 풍요 속 빈곤 · 258
#098 구분법 · 260
#099 선택 · 263
#100 꺼질 때 · 266
#101 첩보영화의 한 장면 · 268
#102 사랑이란… · 270
#103 어른이래요 · 272
#104 비록 · 274
#105.1 진짜 선물의 진가 · 276
#105.2 에필로그 · 280

Thanks to… · 286

#000
프롤로그

나의 서명은 왼손으로 이름을 쓰는 것이다. 오른손잡이라 서툴기만 한 왼손으로 제 이름을 또박또박 써 드린다. 사람은 어른이 되어도 언제나 아이처럼 이렇게 서툰 지도 모른다.
새로운 일에 서툴고 표현에 서툴고 사랑에 서툴기도 한다. 내 서툰 왼손으로 여러분께 더 예쁜 서명을 하려면 서명 하나에도 온 신경을 집중해 정성을 기울여 써 드려야 한다는 것도 참 좋다. 이런 내 서명을 많은 분들께 해 드릴수록 서서히 내 왼손은 '어색함'에서 벗어나리라. 이런 서툰 서명을 받아준, 서툴기만 한 나의 글을 읽어줄 여러분을 사랑하고 또 사랑한다.

싱가포르에 막 도착했을 때의 느낌이란 '그저 더운 작은 나라'라는 거였다. 이런 평범한 기분으로 평범한 구경을 다녔다. 여행자의 특권을 마구 누리며 새로운 것을 보고 새로운 곳을 천방지축으로 돌아다녔다.
하지만 시간이 지날수록 이곳은 특별함으로 다가왔다. 그리고 평범했던 내 기분도 색다른 무언가가 칠해지며 물들어갔다. 그때부터는 더 이상 여행자가 아니었다. 새로운 것을 보기 위해 걷는 것이 아니라 새로운 느낌을 느끼기 위해 걷기 시작했고 점점 걸음이 빨라지다 보니 싱가포르를 깊이 사랑하게 되었다.
사랑이 깊어졌다는 느낌들. 그리고 많은 생각들. 그저 스쳐지나 보내기엔 아깝다는

13

생각이 들었다. 이곳 싱가포르에서 다채롭게 접한 느낌과 생각의 그 먼지 티끌 하나라도 놓치고 싶지 않았다. 그래서 글을 썼다.
"지금 이곳이 아니면 그리고 이 순간이 지나면 식어버릴지도 모르는 그 온기들"을 담았다. 그리고 그 온기들을 많은 이들과 함께 나누며 더 뜨거워지고 싶었다. 이곳의 더위보다 더.
그저 덥기만 했던 여행자가 달라지기까진 그렇게 많은 시간이 걸리진 않았다.
평범했던 내가 조금은 특별해짐을 느끼기까지는. 특별해진다는 것은 내 신분이나 상황이 달라지는 것이 아니라 상념과 감정들이 특별해지는 것이었다.

그러한 과정을 통해서 사람을 어루만지는 법을 알았고 세상을 베고 누울 수 있다는 것을 알았다. 내가 어루만진 사람은 다시 나를 안아주었고 누워있는 내게 세상은 따스한 솜이불을 덮어주었다. 그러면서 나와 그들과 이곳은 서로가 서로에게 특별해졌다. 그건 우리만의 약속이면서 비밀이기도 했다.

우리만 알고 있기엔 아까운, 계속 숨기고 있기엔 야속할 것 같은 이야기들을 여러분과 나눠볼까 한다. 싱가포르에 사는 사람에겐 공감을, 그곳에 살았던 사람에겐 향수를 이곳에 가고자하는 사람에겐 상상을 선물해 줄 수 있다면 더 할 나위없는 기쁨이 될 것 같다. 바로 이곳 싱가포르에서.

장기웅

#001

스콜

오늘도 우산 없이 외출을 했다가 소나기를 맞았습니다.
바다가 하늘로 이사라도 간 것처럼 이곳의 소나기는 매섭습니다.
이곳의 날씨를 잘 알면서도 습관이란 사랑처럼 쉽게 바뀌지 않네요.
이미 신발장 옆에는 무지개를 만들 듯
일곱 개의 우산이 줄을 서게 됐습니다.
하루에 하나씩 바꿔가며 가지고 다닐 수 있게 됐다고
너스레를 떨어보기도 했습니다.
이곳 사람들의 가방 속에는 우산이 꼭 들어있습니다.
언제 어디서 쏟아질 줄 모르는
스콜 때문에 생긴 습관이라고 합니다.
이들도 나처럼 우산을 놓고 다니는 습관이 생길 수 있을까요.
무언가를 지니는 습관과 무언가를 떨쳐버리는 습관.
이 둘 중에 누가 더 빨리 고쳐질 수 있을까요.
좀처럼 바뀌지 않는 같은 습관인데 말입니다.
내일도 우산 없는 외출을 할 겁니다.
그냥 비를 맞는 게 나을 것 같습니다. 그냥 가지지 않는 게 나을 것 같습니다.
무언가를 떨쳐버리는 힘겨움보다 비에 젖음이 덜 아프니까요.

이곳의 출근 풍경은 아침의 새 소리처럼 고요하다. 서류가방을 들어도 좋고. 백 팩을 짊어져도 좋고. 아무것도 들지도 매지도 않았지만 이미 출근이란 무게로 인해 가벼워 보이지 않고. 수묵화처럼 화장기 없는 얼굴은 당당해 보이기까지 한다.
덜 마른 긴 머리는 네가 늦잠을 잔 나의 아침과 비슷했을 것 같다는 생각에 입술을 종깃거리게 된다. 하지만 그 덜 마른 긴 머리가 나빠 보이진 않다.
허기를 달래려 길가의 작은 카페에 줄을 지어 서 있는 모습은 전혀 생각이 없던 나마저 그 행렬에 동참하게 만든다.
햇빛 쨍쨍한 아침에 우산을 들고 가도 괜찮다. 빼곡한 도서관의 책들처럼 찡겨가는 지하철이지만 적어도 책 한 권 볼 수 있는 공간은 나오는 것이 그나마 다행이다.
하지만 그 틈이 아까워 접고 또 접고 담고 또 담는 서울이라는 '특별시'의 특수 탑승법을 강의라도 해주고 싶어지기도 한다.
열대지방이지만 아침 공기의 신선함만은 예외가 아니라서 반갑다. 매일 아침마다 문 앞에 엎드려있는 무료 신문이 하루의 시작을 실감나게 해준다.
아파트 안 테니스 코트 철조망 너머로 풍겨오는 땀 냄새는 저녁의 그것보다 상쾌하다. 한창 바쁜 출근 시간에도 아랑곳하지 않고 수영장에 몸 담그고 있는 노인의 모습은 그의 나잇살만큼이나 여유로워 보인다. 나 역시 덩달아 다 내팽개치고 뛰어들어 노인과 물장구라도 치고 싶어진다. 막 샤워한 듯 새벽 잔 비 맞은 잔디는 케이크에 스며든 시럽처럼 촉촉하게 아침을 적셔준다. 출근길에 느낄 수 있는 이곳만의 오케스트라.

#003

보기만 해도

보기만 해도 돈을 내야할 것 같은 아름다운 사람이 있습니다.
눈이라도 마주치면 추가 요금을 내야할 것 같은 사람이 있습니다.
그런 사람이 나를 봐주고 악수를 하고
대화마저도 할 수 있다면 나는 도대체 얼마를 내야 하는 걸까요.
그 행복에 대한 보답을 어떻게 해야 하는 걸까요.
나는 그 아름다운 사람을 보는 것만으로도 행복한데 어떻게 해야
그 사람을 행복하게 해줄 수 있을까요.
우리는 이렇게 부자입니다. 세상에는 이토록 아름다운 사람들이 많습니다.
아름다운 사람을 보면 볼수록 만나면 만날수록
우리는 부자가 되는겁니다. 그래서 더 많은 사람을 보기 위해
우리는 떠나야 합니다.

#004

리틀 인디아

인도를 작게 축소시켜 놓은 것 같아 '작은 인도'라 불리는 그곳. 이곳 전체 인구의 6%에 그치지 않는 인도인들이지만 그 소수를 위해 만들어진 특별한 공간이다.

이국 지도 위에 자국의 이름을 표시할 수 있다는 것은 얼마나 큰 특권인가. 이 작은 땅에서 그들의 공간을 얻어내기 위해 아마도 스콜보다도 억센 비바람과 싸우며 눈물과 땀을 이루 헤아릴 수 없이 흘렸으리라. 그곳은 그들만의 리그라고 해도 과언이 아닐 만큼 인도인들 천지다. 이곳에서 만큼은 그 누구의 눈치를 보지 않고 살아가는 그들의 모습을 찾을 수 있고 숨겨놨던 본래의 습관을 공작새 꼬리처럼 찬란하게 펼쳐낼 수 있다.

차가 지날 수 있는 곳을 빼고는 모두 그들의 안방이자 휴식처가 된다. 나무 그늘마다 널브러져 잔디가 된 사람. 시장 통에 반쯤 누워 과일가게의 기둥이 된 사람. 예배드린 힌두 사원에 신발을 두고 와 버렸는지 '맨발의 청춘'을 누리는 사람.

그곳에서 인도인들은 한 없이 편안해 보이고 자유

로워 보이고 가장 인도인다운 모습을 그려낸다. 비록 내 나라는 아니지만 "우리 편끼리 있다는 것이 얼마나 큰 안도감을 향유하며 흔들의자와 같은 안락함을 누리는지"를 그곳을 통해 깨닫는다.

그들만의 세상에 들어선 이방인에게 그곳은 더 많은 것이 낯설다. 사람도 공기도 음식도 풍경조차도 낯설다. 하지만 낯설기 때문에 설렌다. 길을 묻기 위해 한 문장의 대화를 나누었던 사람도 '낯 설렘'이다. 고풍적인 사원에 들어서면 풍겨오는 새로운 향기도 '낯 설렘'이다. 끌리는 의자에 앉아 주문한 음식을 기다리는 시간도 '낯 설렘'이다. 모퉁이를 돌면 마주하는 풍경도 '낯 설렘'이다. 사랑이 설렐 수 있는 것도 낯설기 때문이다. 낯설어서 설렐 수 있다. 그곳에서 '낯 설렘'을 알았다.

#005

고의적 체류

그날도 버스 정류장을 지나치고 말았어.
몇 정거장을 더 가서야 지나쳤다는 사실을 알았어.
하지만 나는 몇 정거장을 더 가버리고 말았어.
내리고 싶지 않았어.
이곳의 버스는 다음 정거장이 궁금해지게 하거든.
다음 정거장이 보여줄 창밖의 새로운 세상이 가슴 뛰게 하거든.
다음 정거장에서 내 옆 자리에 앉게 될 사람이
누군지 꼭 만나보고 싶거든. 잠시 인사를 나누어도 괜찮고
통성명을 해도 괜찮고 내친김에 함께 내려서
차 한 잔에 대화를 담아 나눠 마실 수 있다면 금상첨화지.
그래, 지나친 김에 종점까지 가볼까.

#006

손잡게 되는 곳

이곳은 주말이면 사랑으로 붐빈다. 사랑하는 가족들과 친구들과 연인들이 웃음 사이에서 피어나는 행복의 향연으로 이곳의 풍경은 절정에 이른다.

이곳에 들어서면 발목에 모래주머니라도 매단 것처럼 자연스레 걸음이 느려진다. 벤치에 앉아 수목이 내뿜는 상쾌한 나무 냄새를 맡고 있자면 당장 잠에 취해 긴 시간 깨어나지 않아도 좋을 것 같다.

수목원이라고 하기엔 그보다 더 세심한 낭만이 있고 공원이라고 하기엔 그보다 더 진중한 상념들이 담겨있다. 그런 낭만과 상념들이 마법을 부려서인지 이곳에 가면 왠지 누군가의 손을 잡고 걷고 싶다. 나와 같은 '나 홀로 방문자'조차도 그런 부추김을 자꾸만 받게 된다.

누군가를 알게 되고 관심의 싹이 틔고 '사랑의 꽃'이 피어나는 위대한 시간들 속에서 손을 잡는다는 것이 얼마나 큰 의미로 다가왔던지….

내가 너의 손을 잡는 순간 손과 손 사이의 체온을 통해 마음과 마음의 다리가 생겨나고 아무 말 없이 걷기만 해도 어색하지 않은 익숙함이 생겨난다. 엇박자에 춤추듯 긴장 속에 허둥대던 발걸음은 박자를 찾아간다. 손을 잡기 전 심장의 파동은 잔잔한 물결이 되어 수평선을 따라 노을이 번지듯 사랑이 번져간다.

손을 잡고 싶다면 이곳을 걸으면 된다. 수목들이 뿜어대는 마법에 걸릴 수밖에 없는 이곳에 가면 오히려 손잡지 않은 채 걷는 것이 어색하고, 마치 길이 점점 좁아지는 것처럼 서로의 거리도 좁혀진다.

여러 이유로 아직 손잡기를 망설인다면 어떻게 잡아야 할지 고민 속에 밤을 지새운다면 이곳의 마법을 빌리면 된다.

손을 잡고 걸어야 어울리는 이곳, 자연과 더불어 자연스러운 사랑의 시작을 고백할 수 있는 이곳, 그 이름은 바로 '보태닉 가든(Botanic Garden: 식물원)'이다.

#007

시간명사

우리 오늘은 만나지 말기로 해.
우리 내일은 만나지 말기로 해.
우리 그날은 만나지 말기로 해.
우리………… 만나지 말기로 해.

#008

사진을 잘 찍고 싶은 이유

영화를 볼 때 간혹 나오는 장면.
테이블 위에 어느 오래된 흑백사진이 놓여있다.
그리고 카메라는 그 사진을 아주 천천히 클로즈업하며 다가간다.
그리고 카메라 렌즈가 사진에 스며들면서 사진 속의 인물들과
배경이 살아나고 사진이 영화의 한 장면을 구성하는 시작점이 된다.
그 사진이 영화의 한 장면을 구성하게 되는 계기는
주인공이 추억을 떠올려야 할 때 혹은 그 사진이 단서가 되어
그 때의 상황을 관객들에게 알게 해줘야 할 때다.
그 때로 돌아가야만 할 때 그리고 그 때로 돌아가고 싶을 때다.
언젠가 한 장의 사진과 마주치게 됐을 때,
가슴에 꽉 차오르는 경련을 느끼며 내 향수가 사진에 스며들어
잠시 나마 그때로 돌아가고 싶을 때, 사진으로 스며들 수 있는
타임머신을 되도록 많이 갖고 있고 싶어서…
그게 내가 사진을 잘 찍고 싶은 이유다.

#009

새끼손가락

몸살같이 앓았던 우기를 털어내고 나면 그곳은 4월부터 본격적인 더위의 습격이 시작된다. 우기라고 해서 딱히 시원한 것은 아니지만 더위가 조금 덜 극성을 부리는 시기이기는 하다.

이런 우기를 지나고 나면 하늘이 쏟아내는 태양열과 그것을 머금은 땅이 토해내는 복사열은 공중에서 만나며 마치 날 다림질 하듯 이곳은 그렇게 달구어져 간다. 이렇게 더운 날씨 탓에 한 낮에 길거리를 걷는 사람이 많지가 않다. 그냥 밖에서 서 있기만 해도 5분이 채 지나지 않아 땀방울이 맺히기 시작하고 조금 걷기라도 한다면 방울이 줄기로 바뀌며 티셔츠마저 물들인다.

물엿을 뒤집어 쓴 것 같은 몸뚱이로 한참을 돌아다니고 집으로 돌아오면 티셔츠 벗는 것이 여간 힘들 수가 없다. 내 몸뚱이 발린 물엿에 찰거머리처럼 달라붙어 좀처럼 떨어지질 않아 혼자 티셔츠 하나 벗지 못하는 아이가 되어버린다.

그저 새끼손가락 하나만이라도 내 등짝 겨드랑이 선까지 말려 올라가 휴전선처럼 걸쳐있는 부분을 살짝 들어 올려 주기만 하면 단박에 벗어질 이 티셔츠가 내 두 팔만으로는 애벌레 허물처럼 벗어내기가 쉽지 않다. 이곳에서의 혼자는 이렇게 1년 내내 티셔츠조차 벗기 힘든 거였어. '새끼손가락'을 만난다면 이 애길 꼭 전해주려고. 새끼손가락 걸고 약속.

39

#010

이스트 코스트 파크

싱가포르에도 동해안이 있다. 육상에는 자연의 모래사장과 인공의 잔디공원으로, 수상에는 자연의 바다와 인공의 호수가 오묘한 조화를 이루며 이곳 사람들의 안식처가 되어주고 있다.

그냥 지나치기에는 아깝다는 생각이 들 정도의 날씨가 찾아온 낮 시간의 '이스트 코스트 파크(East Coast Park)'는 그 선물을 받기 위한 사람들의 행렬로 손님맞이에 바빠지기 시작한다.

일 년 내내 피서 철인 이곳의 해변에서 수영과 일광욕으로 피로를 푸는 사람들과 흙장난에 빠진 아이들의 천진함을 볼 때면 휴가를 떠나고 싶은 충동을 느끼고 공원의 곳곳에서 열리는 바비큐 파티가 구워내는 풍경은 가족의 향수를 불러들인다.

산책로의 한가함을 밟고 있는 사람들의 생각조차 들리는 것 같고, 조깅하는 사람들이 스치며 흘려놓은 땀 냄새는 그들의 생활상까지 보이는 것 같다. 인공 호수에 다시 인공을 더해 만들어놓은 케이블 수상스키는 언젠가 꼭 한 번은 해보고 싶다는 충동을 안겨준다.

태양이 서서히 식으면서 한참 달아올랐던 이곳의 낮 대지도 식으며 밤이 찾아온다. 낮에는 드문드문 보였던 강태공 양반들이 밤이 되자 하나 둘씩 모여들며 낚시터를 지어낸다. 칠리크랩으로 유명한 '점보 레스토랑'도 기지개를 펴자 바닷바람을 따라 몰려드는 손님들로 바쁜 일상을 시작한다.

걷고 또 걷다가 서고 싶은 곳에 서서 밤바다를 바라보니 그곳의 야경을 장식하기 위해 일부러 띄워놓은 게 아닐까 의심이 될 정도로 정체된 배에서 붉어져 나오는 불빛은 얼마나 촘촘하고 자연스러운지 별 보다도 아름답다. 그리고 그 불빛을 밟고 더 멀리 떠나고 싶다.

#011

비가 서쪽에서 내리면

주롱웨스트! 이름처럼 싱가포르에서 서쪽으로 좀 많이 치우진 곳. 그곳으로 갈 일이 생겨 버스를 탔다. 싱가포르에 꽤나 오래 있었지만 이 정도로 치우친 서쪽까지는 가 본 적이 없어서 정거장을 알려주지 않는 이곳 버스로 인해 또 긴장감이 맴돌았다. 어느 정도로 치우쳐 있는지 발전소까지 모습을 드러내더니 점차 인적이 드물어지고 사람보다 공장과 굴뚝과 대형 화물차들이 많아졌다.

일 년이 지나도록 서쪽을 와보지 않았다는, 서쪽으로 치우친 이곳보다 한 쪽으로 더 많이 치우쳤던 내 생활과 생각과 습관에 부끄러움을 느꼈다.

하지만 이런 반성에서 성이 차지 않았는지 버스에서 내리자마자 소나기가 쏟아졌다. 다행히 우산을 챙겨 나온 터라 가까스로 비를 피하나 싶었는데 결국 바지며 셔츠며 마치 우산 없는 사람처럼 흠뻑 젖고야 말았다. 비가 무늬를 그리면서 내렸다. 체크무늬. 그래서 젖을 수밖에 없었다. 우산은 줄무늬만 막아낼 수 있다는 걸 그제야 알았다.

그 날 서쪽의 하늘은 체크무늬 셔츠를 입고 있었어. 쇼윈도에 걸린 셔츠의 체크무늬와는 비교할 수 없는 불규칙한 자연미가 있어서 내 민무늬 셔츠를 비에 적셔 새겨 넣고 싶었지. 서쪽에서 내리는 비는 그냥 맞아도 좋을 것 같아.

체크무늬를 유난히 좋아했던 너.

#012

캐리비안의 해적

더위의 무대가 끝나고 조명이 꺼진 밤 싱가포르 강변을 찾았다.
고요한 물결의 박자에 맞춰 춤추고 있는 리버보트. 보트에 조심스레 몸을 실었다.
많은 관광객들이 꼭 한 번은 체험하고 가는 것 중의 하나가 이 '리버보트'였지만
난 반드시 타보고 싶다는 생각이 없었다. 그 날은, 넘실거리는 보트들이
내게 손을 내밀었다. 함께 춤을 추지 않겠냐며. 당신도 이 박자에 맞춰 즐겨보라고.
난 그 손을 덥석 잡았다. 그리고 강물 위의 댄스가 시작되었다.
'클라키'에서 '마리나 베이'까지 한 바퀴를 돌고 오는 코스.
춤을 청해온 그 손을 잡지 않았다면 후회할지도 몰랐을 거란 아찔한 생각이 든다.
그곳이 관광객들의 필수 코스가 된 이유를 그제야 알았다. 강변을 타고 달리는
보트에서 보이는 이곳은 어느새 보석 동굴이 되었다. 고층 빌딩과 호텔에서
밝히고 있는 조명들은 다이아와 루비와 사파이어가 되어 금방이라도 쏟아져
내릴 것만 같다. 쏟아지는 보석을 보트에 담아 캐리비안의 해적이 되어 떠나고 싶다.
그래서 쉽사리 눈을 떼지 못했고 그러면서도 눈이 부심에 똑바로 눈을 뜨지 못했다.
화려하면서도 고혹적인 화장. 어느 곳에서 흘러왔는지 궁금해지는 희귀하고
눈부신 액세서리로 치장한, 매력적이면서도 슬퍼보이고 곱지만 구성진 목소리.
1930년대 밤무대 거리를 장식했던 여가수를 닮아있는 이곳의 강변.
하늘에서 쏟아지는 보석에 샤워할 수 있는 곳. 리버보트와 함께 춤을!!

#013

어쩌다가

지금 우리가 사는 이곳은 살아가기 위한 세상인가요.
살아남기 위한 세상인가요.

#014

기억하게 하는 곳

이곳 버스는 지금 정거장이 어딘지 알려주지 않는다.
다음 정거장이 어딘지도 알려주지 않는다. 그래서 가끔 목적지를 지나치기도 하고 못 미처 내려버리는 일도 있다.
어떤 노선도나 정거장 순서를 그려놓은 이정표도 없어서 버스를 타면 마치 생전 처음 버스를 타는 어린아이가 된 듯 긴장을 하곤 한다.
'하나, 둘, 셋… 이제 다섯 개 정거장이 지난 후 내리면 되겠군.'
'슈퍼를 지나면 주유소가 나오고 그 다음이 이발소가 보일거야. 그러면 이발소 다음에 내리면 되겠네.'
처음에는 무척이나 불편했어. 방송으로 알려달라고 항의라도 하고 싶었어. 아니면 노선도를 그려와 붙여주고 싶었어. 어설픈 그림 솜씨이지만 말이지. 나와 같은 이방인은 어떻게 하라는 거냐며 입술을 비쭉거리기도 했어.
하지만 지금은 오히려 그것들이 없음에 감사해. 오늘도 시시각각 창밖을 보고 있거든. 풍경과 익숙해지기 위해 오늘도 열심히 기억 사진을 찍고 있거든. 덕분에 이곳의 많은 것들을 기억할 수 있게 됐어.
심지어는 집에 도착하기 전 정거장의 쓰레기통 색깔까지 말이지. 내가 너의 이름을 기억하고 향기를 기억하고 체온을 기억하듯이 말이야.
너는 분홍색을 좋아하고 마음이 약해 눈물이 많고 손재주가 좋아 바느질을 잘한다는 것을 기억하듯이. 너는 추위를 잘 타 감기가 걸리면 앓아누울 정도로 고생하고 예전엔 김치를 먹지 않았지만 나중엔 좋아하게 되었지. 남들보다 커피에 두 배 정도 설탕을 더 많이 넣어 마셔야 한다는 것을 기억하듯이.
이곳은 이렇게 평범한 것조차도 기억하게 하는 곳이야. 마치 사랑처럼.

#015

병아리 느낌

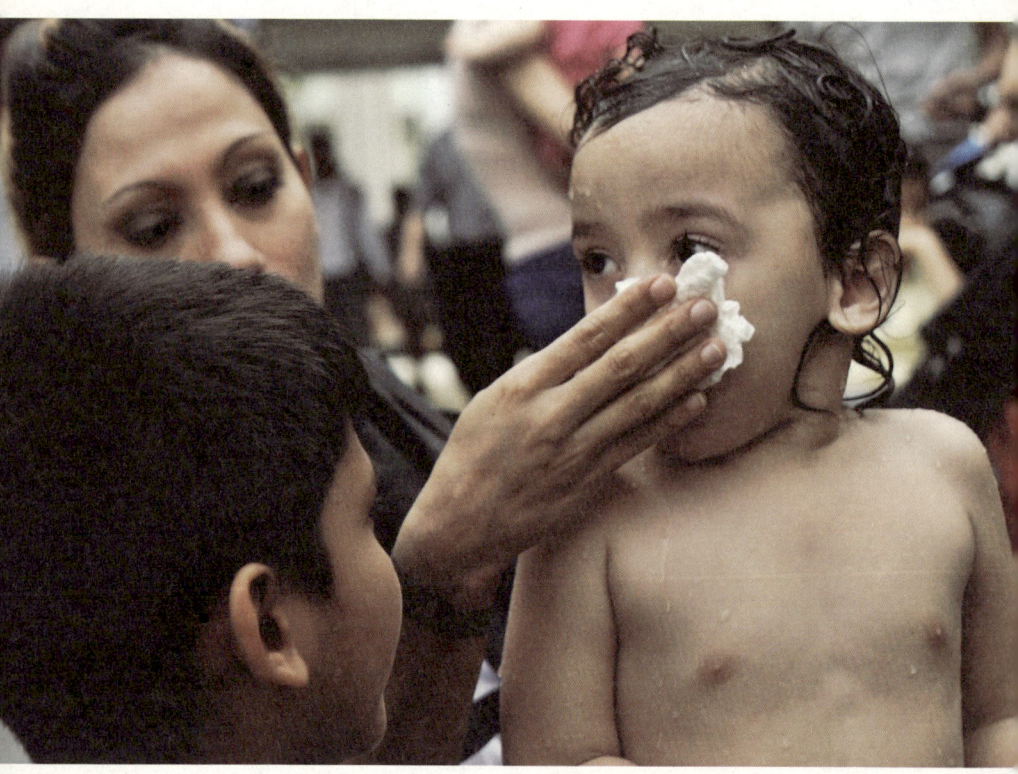

이곳의 습한 기후 탓에 빨래가 바싹 마르는 날이 며칠 되지 않는다. '보송보송'이란 단어가 뇌세포에서 지워져 가고 빨래를 갤 때 잘 마른 옷감이 주는 병아리 같은 느낌이 그리울 때가 있다.

그렇다고 햇빛에 말리기도 무서운 것이 마른하늘에 날벼락 같은 소나기가 워낙 잦은 곳이라 그럴 엄두를 내지 못한다. 병아리 느낌이 그리워 햇빛에 널어두었다가 소나기의 습격에 빨래를 두 번을 해야 했던 일은 하루 중의 에피소드를 넘어 일상이 되었다. 그래서 조금은 덜 마른 옷을 입는 것도 점차 습관이 되어가고 어느 날 옷을 입었을 때 병아리 느낌이 날 때면 공짜처럼 기분이 좋다.

비 오는 날에야 조금 덜 마른 옷을 입는 것은 날씨도 기분도 함께 덜 말라있어서 그러려니 하는 관대함을 가질 수 있다. 하지만 화창한 날의 그것은 왠지 날씨로부터 따돌림 받는 것 같아 찜찜하기 그지없다.

덜 마른 옷을 입는 것. 피부에 닿는 습한 옷감의 착잡함이 마음까지 스며드는 것. 그 습함이 몸뚱이 주름들 사이를 파고들고 관절에 물려 함께 접히기라도 하면 기억 속 언저리에 얹혀있는 희미한 파편에 베이는 것처럼 꿉꿉한 마음이 드는 것. 그 꿉꿉함을 바싹 말리고 싶지만 그 부분만은 볕이 들지 않아 지겹도록 질퍽거리는 것.

그래서 병아리가 빨리 나타나주길 기대게 되는 것인지도 모른다.

#016

클라키

시청역에 있는 래플즈 시티 쇼핑몰에서 간단하게 저녁을 해결했다.
저녁을 먹고 소화도 시킬 겸 잠시 카페에 앉아 책을 읽었다.
책의 한 페이지에 베니스의 사진이 나온다. 강 위로 집들이 둥둥 떠다니는 사진.
배보다 집이 더 많이 떠 있고 그보다 낭만이 더 많이 떠다니는 베니스. 가보지
못했지만 어느 정도의 분위기를 이름만으로도 느낄 수 있는 곳. 하지만 그 느낌으로는
모자라 반드시 가보고 싶은 곳. 그래서 이곳으로 발걸음을 옮겼다.
클라키. '싱가포르의 베니스'라고 불리는 클라키는 강을 사이에 두고 분위기 있는

카페와 태국·중국·베트남 같은 각국을 대표하는 음식점들이 물결처럼 이어져있다. 노래와 술과 사랑이 한데 어우러져 파티를 벌인다. 밤이 찾아들면서 사람도 사랑도 밀물처럼 찾아든다. 강 위에 띄워진 선상카페에 앉아 밤공기와 곁들여 마시는 대화도 좋고 그냥 강가에 걸쳐있는 계단에 퍼지르고 풍경을 안주 삼아 맥주 한 캔만 가지고 있어도 행복한 곳. 강 사이를 코뚜레처럼 잇고 있는 다리 위에는 밤이 되면 연인들의 키스가 네온사인보다 눈부시다. 이런 눈부심에도 아랑곳하지 않고 다리 위에서는 술판이 벌어지기도 하고 작은 공연이 열리기도 한다.

음악과 사랑과 낭만과 자유가. 이 모든 갈증들이 한 번에 해소되는 곳. 해질녘 강변을 따라 왈츠 춤을 춘다면 로맨스 영화의 하이라이트를 그려낼 수 있을 것 같은 곳. 청혼이나 사랑의 고백을 한다면 그 감동이 별처럼 쏟아져 내릴 것 같은 곳. 다리 한 귀퉁이에 '첫 키스와 어울리는 곳'이라는 표지판을 세워놓아도 좋을 만큼 아리아리한 감성이 절로 배어 나오는 곳. 사람이 사랑스러워 지는 곳.

#017

어떤 날

왜 그런 날 있잖아.
아무리 자고 또 자도 피로가 풀리지 않는 날.
시계 숫자를 보며 세어보니
놀랄 정도로 많이 잤는데도 이상하게
피곤한 날 있잖아.

왜 또 그런 날도 있잖아.
10분의 낮잠을 잤는데도 날아갈 것 같은 날.
지하철 인파에 끼어 잠깐 눈만 감고 서 있어도
피곤이 풀린 것 같은 그런 날 말이야.
나는 네게 어떤 날이었을까.

#018

동물원의 기적

싱가포르에 온 지 얼마 되지 않았을 때. 새로운 곳에 대한 흥미로움과
신선함이 가득할 때. 습관처럼 지도를 펼쳤다.
어디를 가볼까. 어디를 가볼까. 그 순간 동물원이 큰 사진과 함께 소개되어
있는 것을 바라보았을 때 호기심이 생겼다.
'대체 동물원이 얼마나 대단하다고 관광 명소로 되었을까. 내일 난 동물원으로 간다.'
동물원. 과연 내가 마지막으로 동물원을 갔던 게 언제였는지 회상해봤다.
머리를 쥐어짜고 비틀어 돌려봐도 생각이 나질 않았다. 대체 동물과 얼마나
오랜 담을 쌓고 살았다고 생각이 나지 않는 건지 참 무안했다.
이곳의 동물원에 들어서는 순간 왜 그토록 자신 있게 소개해놨는지
그 지도의 포인트를 알 수 있었다.
창살을 최대한 줄인 흔적들이 곳곳에서 보였다. 동물과 사람이 더 가까워지라고.
서로가 서로를 해치지 않겠다는 무언의 약속을 한 것처럼 경계를 허물고 있었다.
그렇게 오랜만에 보는 동물들에 어색함과 반가움이 교차했다.
다시 한 번 마지막으로 이 녀석들을 본 게 언제인지 떠올리지만 결국 해답을
찾는 것은 포기했다. 그냥 오늘을 기억하기로 했다. 어쩌면 또 오랜 시간이
흘러야 찾게 될지 모르니까.
싱가포르의 동물원은 낮 동물원과 밤 동물원이 따로 있다. 그래서 나를 하루 종일
동물원의 동물들과 함께 묶어두었다. 오랜만에 온 대가를 톡톡히 치르며
아침부터 밤까지 낮 동물원과 밤 동물원을 오가며 사람 만나기를 포기했다.
그날은 동물들과 얘기하기로 마음먹었다.
낮 동물이 폐점하는 시간과 비슷하게 맞추어 밤 동물원이 개장한다. 밤 동물원은
어둠을 이겨내는 역동성과 활기를 살리기 위해 사람의 공연과 동물의 공연이
곳곳에서 이루어진다. 밤의 동물원도 낮의 그것과 마찬가지로 창살을 허문 흔적이
많다. 사파리 차량으로 이동하지만 어느 사파리처럼 강한 유리나 철장은 없다.

"호랑이가 달려들면 어떡해?"라며 호들갑을 떨지 모르지만 걱정하지 말라.
기가 막힌 구조로 동물과 사람을 모두 자유롭게 만들었으니…
이곳의 동물원은 동물원의 진정한 의미를 살렸다고 생각됐다.
동물원은 동물을 위한 장소니까.
사람이 보기 편한 곳이기 전에 그들이 살기 편한 집이자 낙원이어야 하니까.
아프리카·호주·미국 등 멀리서 여행 온 그 녀석들도 나와 같은 마음일 테니까.
아침부터 밤까지 하루 종일 동물원에 머물렀지만 지겹지 않았던 이유는
그 누구도 갇혀있지 않았기 때문이었다.

#019

좋다. 안 좋다!

싱가포르를 스쳐갔던 여행자들과 머물었던
사람들의 평가는 냉정하게 갈리는 것 같아.
"좋다." "안 좋다."
그저 그렇다거나 잘 모르겠다는 식의
미적지근한 대답은 많지 않았어.
내가 이곳을 떠나고 난 뒤
이곳은 나를 어떻게 기억하게 될까.
"좋다." "안 좋다."
내가 있던 곳으로 돌아갔을 때.
이곳으로부터 "좋다!"라는 편지를 받는다면
답장은 하지 않은 채 내 마음에 한 층의 서랍을
더 만들고 그곳에 깊숙이 넣어둘 거야.

#020

국경을 넘어 만났던 '앨런'

처음으로 이곳에서 국경을 넘어 여행을 떠났다. 국경을 넘는다고 해봐야 크게 대단한 일이 아닌 것이 그저 다리 하나만 건너면 되는 정도다. 다리를 건너간 곳은 말레이시아의 '카메론 하이랜드'다.

'카메론 하이랜드'는 말레이시아의 고지대에 자리 잡혀있어 비교적 선선한 날씨를 나타내고 딸기와 녹차와 벌꿀로 유명하다.

내가 굳이 '카메론 하이랜드'에 끌렸던 이유는 아마도 내가 어릴 적 살던 시골과 많이 닮아 있어서 인 것 같다. 그리고 그곳의 사람들도 시골과 닮아 있을 거란 기대감에 서슴없이 이곳을 택한 것이다.

싱가포르에서 '코치'라 불리는 장거리 버스를 타고 약 10시간을 가야 '카메론 하이랜드'에 닿을 수 있다. '코치'는 상당히 편안한 좌석과 좌석마다 TV가 갖춰져 있을 정도로 고급 버스이지만 시동이 꺼져야 덩달아 꺼지는 에어컨 시스템인지라 그 안에서 한 겨울보다 더 떨어야했다. 담요까지 꽁꽁 싸매고 에어컨을 '코피 난 어린 애 코 틀어막듯' 휴지로 꾸역꾸역 틀어막았지만 역부족이었다. 이곳 사람들은 '코치'를 예전에 얼마나 자주 탔는지 알 수 있을 정도로, 겨울 점퍼에 목도리까지 완벽한 '월동 준비'를 한 흔적들이 곳곳에서 보였다.
장거리 여행인 만큼 중간 중간에 휴게소에 세 번을 들르는데 그때는 반드시 밖으로 나와 냉기를 식히는 것이 내 '휴게'의 주목적이었다.
추위를 견뎌내고 맞이한 '카메론 하이랜드'는 숲 속 깊숙이에 숨어있는 아무도 몰랐던 그들만의 세상을 훔쳐보게 된 것처럼 신비하게 다가왔다. 마치 동화책 페이지를 넘겼을 때 글에 맞게 묘사된 그림과 눈인사하는 것처럼 맑아짐을 느낄 수 있는 곳이었다.
밤 10시에 출발해 하루를 꼬박 넘기며 아침 8시에 도착해 누비는 '카메론 하이랜드'는 시작부터 끝까지 추위에 떤 보람을 만끽할 수 있을 정도로 매력적으로 다가왔다. 초강력의 냉방이 가동되는 버스 안에서 하도 떨어서인지 따뜻한 걸 마시고 싶기도 하고, 냉기를 감싸고 싶어서 아침부터 열려 있는 부지런한 시장에서 산 콩국으로 몸을 녹이다가 호텔 앞에서 '앨런'을 만났다.

앨런은 '카메론 하이랜드'에 오기 전 인터넷으로 찾아 예약해 둔 현지 가이드다. 사진만으로도 묻어 나오는 그의 순박함과 진실함에 끌려 자연스레 전화를 걸 수 있었다. 앨런의 가이드 방식은 사전에 연락을 통해 모집된 사람들을 자신의 승합차로 태우고 자신이 프로그램으로 구성해 운영하는 여행코스를 상세하게 안내한다. "모집된 사

람이 단 한명일지라도 움직인다!"는 그의 약속은 이해타산보다 여행자를 배려하는 마음이 더 진하게 풍겨왔다.

앨런은 본디 인도인이고 일본에서 일을 한 적이 있다. 그래서 능숙한 일본어로 일본인 손님들과 대화를 하는 모습이 더욱 놀라웠다. 자신의 사무실이라며 소개해 준 곳이 책상 하나 덩그러니 놓인 어느 건물의 입구 앞 노상이라는 사실도 잔잔한 감동으로 다가왔다.

이틀의 여정 동안 앨런은 최선을 다하는 모습이 매순간 그의 일거수일투족에 배어 나왔다. 일본인에게는 일본어로, 서양인에게는 영어로 그들의 편의를 위해 애썼고 나에게는 한국어를 할 줄 몰라 미안하다며 소 같은 웃음을 보였던 친구다.

내가 찍은 사진을 홈페이지에 걸어두고 싶다며 꼭 이메일로 보내달라며 수줍게 말하던 친구다. 카메론 하이랜드의 풍경보다 더 아름답게 느껴지던 친구.

'풍경보다 아름다운 사람'을 보여준 답례로 여행을 마치고 돌아와 그에게 메일에 사진을 몇 장을 담아 짧은 메시지와 함께 보내주었다. 바쁜 일상에 눌려 여행에서 돌아온 지 3개월 남짓이 지나서야 메일을 보냈다.

하지만 그가 바로 답장을 보내 이틀을 함께 했던 '나'라는 여행자 한 사람에 대해 여러 가지 회상을 적었는데 그가 기억력이 좋고 똑똑한 사람임을 절감할 수 있었다. 그가 어찌나 아름다운 사람인지 답 메일에서도 그 향기가 묻어났다.

'XX빌딩 앞 인도'를 사무실의 주소로 사용하는 그는 지금쯤 여전히 그곳에서 전화를 받고 있을까. 비가 오는 날이면 비를 맞으며 전화를 받지는 않을까.

#021

'안다'는 것

식판을 받아와 살며시 같은 테이블에 앉을 수 있는 것.
무거운 짐을 들고 갈 때 황급히 달려와 들어줘도 괜찮은 것.
내 어깨를 툭 치는 순간 돌아봤을 때 미소 지을 수 있는 것.
살짝 발을 밟아도 웃을 수 있는 것.
이러한 현상들은 우리가 서로 알기 때문에
가능한 소소한 것들이리라.
사람과 사람이 안다는 것은 많은 걸 이해하고 용서하고
뛰어넘을 수 있는 능력이 생기는 위대한 일.

내가 널 알았을 무렵이 그리워지는 건
그게 얼마나 위대한 순간이었는지
이제야 알게 되었기 때문에.

#022
테두리

눈같이 하얀 스케치북에 원이든 삼각형이든 사각형이든 속을 비워둔 형태로
시작점과 마지막 점을 잇는 것으로 마무리.
그러면 점과 점을 이어놓은 선은 하나의 테두리를 형성하며 안과 밖으로 나뉜다.
이렇게 테두리가 생기면 사람도 두 부류가 생긴다.
여물 먹는 소처럼 죽어라 머리를 들이대며 테두리 속으로 들어가려는 사람.
그리고 어떻게든 튕겨져 나가지 않기 위해 전신주처럼 버티려고 애쓰는 사람.
이 두 부류는 얼핏 달라 보이지만 서로의 목적을 달성하기 위해
수단과 방법을 가리지 않는 그래서 하루하루가 양잿물을 마시는 것보다
쓰디쓴 무수히 많은 순간들을 이겨내야 한다.
그러다 보니 시시각각 저려진 배추보다 피곤하다는 점에서 본질은 같아 보인다.
"결국은 자신이 그려놓은 테두리에 갇혀버린 사람들이요,
벗어나고 싶지만 그게 두려운 사람들이다!"

나도 그랬지. 테두리 밖의 여백이 두려워서 좁아 터졌지만 그 속에서 맴돌려고 애썼어.
테두리의 시작점을 출발해 다시 시작점으로…
그러면서 힐끔 힐끔 테두리 밖 여백을 넘보긴 하지만 다시 한 바퀴…
그리고 또 한 바퀴… 이 테두리 속이 안전한 건지 답답한 건지
도무지 해답을 찾기 어려웠지.
그래서 해답을 찾기 위해선 떠나야했어.
테두리 밖 도화지의 여백을 걸어봐야 했어. 그래서 뛰쳐나왔지.
하지만 참 이상한거야. 또 테두리를 그리려는 내가 보였어.
자꾸 불안했던 거야.
모양은 조금 다르지만 또 시작점과 마지막 점을 이어가는 내가 보였어.
황급히 정신을 차렸어. 다행히도 테두리가 완성되지 전이었지.

인생이 그런 거야. 테두리를 긋는 순간 똑같아 지는 거. 어쩔 수 없다는 말만 되풀이 하는 거. 그래도 아직 늦지 않았어. 도화지의 여백으로 용감하게 뛰어들어봐. 그리고 시작점만 계속되는 선을 만드는 기야. 영원히 끝점은 없는 거. 벗어나면 아무것도 아닌 게 되어 버리는 테두리 따위는 없는 거. 그게 내 인생!!

#023

딱 하루면 된다

'래플즈 호텔'은 이곳에서 소문이 자자한 호텔이다.
아니 그냥 호텔이라고만 표현하기에는 미안할 정도로 건축가의
콜로니얼 양식에 대한 심미안적 감각이 곳곳에 스며있는 명소다.
기둥 하나하나에 새겨진 미묘한 무늬들은 가슴팍에 보다 깊숙이 파고들고
정원의 잔디들은 당장 뽑아서 맛을 보고 싶어질 만큼 신선하고 청초하다.
너무 화려하지도 그렇다고 초라하지도 않은 겸손하게 솟아올라 있는
분수대는 절제의 미를 보여주고 정원 카페에 앉아 바비큐 파티를 즐기는
사람들은 음식의 맛보다 정원의 맛이 더 좋은 듯하다.
호텔을 지은 사람도 지은 사람이지만, 이곳 사람들이 얼마나 잘 가꿔왔는지
한 세기가 훌쩍 지났음에도 여전히 매력적이다.
이곳에서 맞는 아침은 새벽 창가에서 땀 흘리는 우유와 그 옆에서 피어나는
계란 프라이. 그리고 또 그 옆에서 활기찬 기침을 뿜어대는
커피포트가 아카펠라를 합창하는 것보다 완벽할 것 같다는 느낌이 온 몸을 감싼다.
큰 마음먹고 딱 하루만 묵고 싶다.
그래서 상상만이 아닌 그런 '알싸한' 느낌의 아침을 맞이 해보고 싶다.
잔디에 반사되는 아침 햇살에 기지개를 펴고 정원에 물을 뿌리는
정원사의 호스를 잠시나마 빌려 내 정원 가꾸듯 촉촉이 적셔주고 싶다.
밤부터 열어놓은 창문으로 스며드는 바람이 테이블 위에 놓인 읽다만 책이
궁금한지 뒤적거리고, 양초 하나만 밝혀두는 것이
더욱 무드가 살아나는 그러한 저녁을 가져보고 싶다.
그건 딱 하루면 된다. 이런 느낌들은 딱 하루가 가장 아름답다.

#024

이것도 또한 딱 하루면 된다

'래플즈 호텔'에는 호텔의 역사를 필름처럼 늘어놓은 박물관이 있다. 이 박물관에는 한 세기 전 호텔의 모습들과 그 시간의 땟국이 스며있다. 마치 사람처럼 세월의 때가 묻을수록 지저분해지고 추잡스러워지는 존재가 있다면 때가 묻을수록 고상해지고 와인처럼 빈티지의 멋을 느끼게 하는 것이 있다. 그런 면에서 이곳에 있는 모든 존재들은 누가 뭐래도 확실히 '후자'에 해당되었다.

박물관에 진열된 탐나는 것들이 태어난 시간으로 돌아가 다시 한 번 여행을 간다. 내가 매고 다니면서도 크다고 투덜대는 배낭보다 서너 배는 더 큰, 그러면서도 바퀴가 없어 발끝부터 정수리까지 젖 먹던 당시의 힘을 모두 모아야만 들어지는 여행 가방을 가지고 타이타닉 호에 오른다. 세월의 염색으로 누렇게 변한 종이를 품으며 빈티지의 극치를 보여주는 유리관 속에 진열된 책까지 훔쳐와 배 안에 누워 읽고 있다. 훔쳐 온 책 옆에 부록처럼 놓인 만년필도 함께 챙겨 안주머니에 넣고 다니며 곳곳에서 사인을 하며 뽐낸다. 금빛보다 더 찬란한 구릿빛의 나팔꽃을 피워낸 축음기도 객실 책상 위에 올려놓고 '오버 더 레인보우'를 들으며 눈을 감는다. 일곱 살 배기 아이 키 만 한 카메라는 지금 내 겨드랑이 밑에 그네타고 있는 '디카'보다 번거로울 것 같지만 타이타닉 호에선 먹힐 것 같은 콘셉트이다. 이런 경험도 딱 하루면 된다. 하루 만에 내 기능성 배낭과 스마트 폰, 그리고 디지털 카메라가 다시 그리워 질 테니까.

#025

너와 나

컴퓨터 자판을 자세히 보면 'U'와 'I'는 사이좋게 붙어있다.
떼려야 뗄 수 없는 당신과 나라는 것을 확인이라도 시켜주듯
자판마저도 그렇게 나란히 붙여놓았지 뭐야.
자판 배열을 연구하면서도 사랑을 잊지 않았던 거야.
너와 나. 우리는 함께 있지 않으면 안 된다는 것을
가슴 속에 담고 있었던 거야.
어쩌면 자판을 설계할 때 이 두 개의 단추는
가장 먼저 자리가 정해졌을지도 모르지.
어디로 배치되든지 붙여 놓기만 하면 되는 거였어.
내가 이곳에 있어도 항상 내 곁에 있다고 느끼는 당신처럼.
바로 우리처럼 말이야.

#026

그럴 수밖에 없었던 저녁

살며시 내린 비에 젖은 저녁이다.

무슨 메뉴로 저녁을 때워야할지 몰라 멈춰진 시계추처럼 우두커니 섰다. 그래, 오늘은 '차이나타운'으로 가는 거야. 그곳에 가면 먹을 게 많으니 쉽게 결정할지도 모른다는 생각에 시계추를 다시 움직였다.

싱가포르의 '차이나타운'은 이곳의 지도만큼이나 작고 아담하고 오밀조밀하다. 큰 중국을 반으로 접고 또 접고 다시 접고, 몇 차례를 접어서야 이렇게 아담하게 접힐 수 있었을까.

막상 이곳에 닿는 순간 위장에서 전해지는 배고픔은 잠깐 물러섰다. 대신 가슴 속의 배고픔이 한 발 더 앞서 나왔다. 주려있던 가슴 속을 먼저 채우기 위한 내 발걸음과 눈길은 더욱 재촉하게 돼 이곳의 매력에 도취되기 시작했다.

접고 또 접혀 마치 연애쪽지처럼 아련해진 이곳의 느낌을 고스란히 숟가락에 담아 한 입 한 입 음미하기 시작했다. 아니 그도 모자라 숟가락은 집어던진 채 허겁지겁 마셔대기 시작했다.

베이징에 살았던 기억들이 되새김질 되면서 이곳

85

에서는 향수마저 일어났고 잊었던 너희들도 생각이 났고 잊어버렸던 내가 생각나던 날. 축축하게 젖은 이곳의 저녁은 휴지가 물기에 적셔 들어가듯 서서히 되살아나는 상념들로 발끝부터 날 적셔대기 시작했다. 그리고 이내 참았던 가슴이 흐물흐물 무너져 내리며 그리움으로 변해갔다.

특별한 저녁 식사를 먹기 위해 찾은 이곳에서는 오히려 햄버거를 먹고 말았다. 이미 특별한 만찬을 즐긴 내 가슴은 배가 불러버렸는지 대충 먹어도 될 것 같다는 꼬임에 그만 넘어가 버린 것. 햄버거 가게의 야외 객석에 앉아 햄버거를 씹어댔다.
한 반쯤 먹었을까. 갑자기 어떤 노인이 내 맞은편에 털썩 앉아 버렸다. 노인의 옷차림은 한 없이 남루했다. 땟국물이 달마시안처럼 묻어있는 셔츠를 입고 그 셔츠와 어울리는 바지를 입고 슬리퍼를 신고 있었다. 피부가 검고 그와 대조되게 머리카락은 하얗게 새어 있었고 눈은 초점이 풀려있다. 오른 손에 들려있는 맥주 캔은 그 눈동자와 참 잘 어울렸고 날름 입에 무는 담배는 또 그 맥주와 잘 어울렸다. 풀린 눈동자와는 반대로 꼬여버린 혀 때문에 무슨 말을 하는지 도무지 알아듣기가 힘들었지만 신세를 탓하는 것 같았다.
아니 확실했다. 여기저기를 손가락질하며 괴성을 질러 댔으니까. 순간 스타가 되어 주목을 받기 시작했고 마주 앉아있던 나도 덩달아 백댄서가 되어버린 저녁. 그도 그럴 수밖에 없었을 거다. 술만 마시지 않았을 뿐이지 나도 이미 취해가고 있었으니까. 이곳 저녁을 적셔놓은 빗물에 진한 알코올이 섞여있었으니까.

#027

홀랜드 빌리지

싱가포르를 찾는 외국인들이 한 번쯤은 꼭 가보는 곳 중 하나가 '홀랜드 빌리지'이다. 처음에는 전혀 '홀랜드(네덜란드)'답지 않은 이곳의 이름이 왜 '홀랜드 빌리지'가 되었는지 이해도 가지 않았을 뿐 더러 이름에 속아서 왔다는 배신감마저 밀려왔었다. 하지만 이곳을 가면 갈수록 점점 길이 말랑거려지고 발걸음이 스펀지를 밟는 것처럼 가볍고 푹신하다. 마치 이곳의 도로와 인도 위에 얇은 스펀지로 포장을 한 것처럼 가면 갈수록 기분이 좋다.
이름값에 기대한 것처럼 여기저기 풍차가 돌아가지는 않지만 '빈티지'다운 단 하나의 풍차는 진짜 홀랜드에 있는 풍차들 중 이곳에 가장 잘 어울리는 것으로 가져다 놓은 것 같이 고요하고 아담하다.
이곳은 노천카페와 술집이 주를 이루고 있어 대낮부터 술을 마시는 외국인들도 적지 않게 볼 수 있다.
그런 외국인들 틈에 끼면서 어깨를 한 번 툭 치면서 "친구, 술 한 잔 사줘!"라고 하면 "물론이지!"라고 호탕하게 웃을 것만 같은 곳이다. 이미 취기에 빨갛게 달궈진 콧잔등을 비비며 모든 것을 수락할 수 있을 것만 같은 곳이다.
대낮부터 술을 마시는 광경마저도 아름다워지는 곳.
그 광경이 너무나 아름다워서 동참해 밤을 새워버리고 싶어지는 곳이다.
마음이 갈 곳을 잃었을 때 이 마을 속 중간에 있는 작은 네거리 한 복판에 서면 갈피를 잡을 수 있을 것만 같은 기분이 든다.

이런 미묘한 느낌들이 발가락 끝에서
오글거리고 있었기에 재차 오게 되었던 곳…
심장이 오글거리는 순간 다시 만나고 싶어지는 것처럼.
그리고 그제야 더 깊은 매력에 빠지게 되는 것처럼 말이다.

#028

바라는 점

모든 것은 과거가 되죠.
내가 1초 전에 했던 얘기도 좀 전에 잡았던
당신의 손도 하루 종일 그윽하게 바라봤던
그 눈빛도 돌아서면 과거가 되어 버리죠.
그래서 내가 바라는 건 단 한 가지에요.
당신에게 세상 모든 것이 과거가 될지라도
난 그렇게 되지 않길 바라고 있을 뿐 인거죠.

#029

각선미 장려 정책

예전에 한국 여성들의 다리가 굵어지고 못 생겨진 이유가 있다고 한다.
대부분의 학교가 산중턱에 있어 매일같이 오르막을 올라야 하고 유난히 계단이 많아 그렇게 될 수밖에 없었다는 볼멘소리를 들은 적이 있다. 그 때는 그 말을 반신반의 했었다.
하지만 이곳에 와서 그 투덜거림이 일리가 있다는 생각을 했다.
싱가포르는 산이 없다. 굳이 산이라고 우기는 곳이 한 곳이 있긴 한데 우리의 금수강산에 비교하면 산 밑자락 축에도 못 든다. 집도 학교도 상점들도 모두 평지에 뿌리를 내리고 있고 간혹 낮은 언덕이 보일 뿐이다.
더군다나 이곳 정부는 지하철역마다 에스컬레이터를 설치했고 인적이 드문 계단조차도 에스컬레이터가 있어 놀라울 정도로 국민들의 각선미 보호에 유별나다. 그래서 인지 이곳 여성들은 정부의 세심한 정책에 보답이라도 하듯 빼어난 각선미를 무기로 한 아름다운 뒷모습으로 많은 '남심'을 흔들기도 한다.
내가 다녔던 학교들도 모두 산 중턱에 있어 여름에는 등교인지 등산인지 구분이 안 갈 정도로 땀을 흘려야했다. 서울의 많은 곳이 계단만 준비되어 있었던 것과 비교해, 생각해보니 우리나라 여성들이 각선미를 유지하기에 척박한 환경 속에서도 세계적인 미인이라는 칭송과 환영을 받고 있다는 사실에 박수를 보내고 싶어진다.
이 엉뚱한 발상이 낳은 작은 알 같은 잡념은 차츰 알을 깨부수고 병아리가 되고 또 닭이 되듯, 사람이 아름다워지는 것이 비단 스스로의 노력만으로 이루어지는 것이 아니라는 생각으로 자라난다.
내가 아름다워지기 위해서는 내가 내 자신을 가꾸고 윤을 내고 꾸미는 것은 물론 내가 아름다워질 수밖에 없도록 이끌어주는 누군가가 있어야 한다는 생각에 이르기까지 상상의 날개를 펼친다.

#030

계주

누군가에 대한 그리고 누군가와의 추억들이
천천히 나에게 걸어들어 온다.
오래 지나지 않아 이내 달리기가 되어
가슴이 벅차도록 내달린다.
추억은 또 다른 추억에게 바통을 이어주고
그 바통을 이어받은 다른 추억은
더 열심히 땅을 박차며 터질 듯이 달린다.
이렇게 힘껏 달리는 도중에 바통을 놓쳐버리거나
결승점이 어디일지 몰라 느닷없이 멈추게 되면
그 추억에게 미안함이어야 할지 아니면
홀가분함이어야 할지 모르겠다.

#031

인사

오전의 '파야레바(Payalebar)' 지하철역은
수많은 싱가포르의 지하철역 중에 가장 특별한 역이다.
역 자체가 특별해서라기보다는 지하철 직원으로 보이는
유니폼을 입고 마치 친절이라는 병을 달고 사는 사람처럼
인사하는 한 아주머니 때문에 특별해질 수밖에 없다.
'파야레바' 역은 녹색 라인에서 황색라인이
교차하는 환승역인데 그녀는 녹색라인에서 황색라인으로
내려가는 에스컬레이터 앞에 항상 서 있었다.
그 아주머니는 그곳에서 지하철보다 더 긴 인사를
지나치는 승객들을 향해 건넸다.
승객들 한 명 한 명에게 인사를 쌈지 돈 삼아 여비로 쥐어주고 있었다.
하지만 그 인사가 왠지 슬퍼보였다.
출근 시간의 구름떼 같은 사람들 중에서 받아주는 사람이
단 한 명도 없는 인사였기에 아주머니의 미소조차도 슬퍼보였다.
간혹 인사를 받아주는 사람이 있다면 서양인으로 보이는 사람들이 전부였다.

내가 서양인들의 문화를 특별히 동경하거나 추종하는 것은 아니지만
부러워하는 것 중 하나가 바로 이렇게 인사를 잘 나누는 습관이
몸에 배어 있다는 사실이다. 비록 모르는 사람일지라도
눈을 마주치면 동화 속 햇빛처럼 찡긋 웃으며 "안녕?"이라는
외마디 여운을 남기고 지나치는 데 익숙하다.
순간 옆집에 살던 '폴'이 생각난다. 1층에서 만나 함께
엘리베이터를 동승했던 '폴'이 먼저 8층을 눌러버려서
난 굳이 손가락을 움직일 필요도 없었다.
그리고 8층에 닿자 폴은 내 집 쪽으로 먼저 걸어갔고
난 마치 그에게 얻어낼 것이라도 있는 사람처럼 뒤를
졸졸 따라가는 그림이 연출됐다.
그렇게 폴은 내 집 대문에 대충 한 뼘 차이의 벽을 사이에 둔
옆집의 문을 열더니 내가 내 집 문 여는 소리를 듣고는 나를 반겼다.
그리고 양 손 가득 들고 있던 장바구니까지 내려놓는
수고스러움도 감수하고 악수를 청하며 내게 "이웃이었구나! 반가워! 난 폴이야.

남아프리카 공화국에서 왔지."라고 동화 속 햇빛으로 다가왔다.
나는 순간 당황했고 미안했고 폴이 내려놓은 장바구니가 되어
그만 균형을 잃고 풀썩 바닥에 뻗어버렸다.
왜 내가 먼저 햇빛이 되지 못했을까.
그의 머리가 레몬 빛깔 '곱슬 머리카락'에다가 바다 빛깔 컬러렌즈를
날 때부터 끼고 있는 것 같은 시원한 눈을 가졌다는 것이
왜 그제야 내 눈에 들어왔을까.
그는 마치 '이웃이라는 존재'와 알고 싶어 미칠 것만 같았다는
표정을 보여줬고, 그 소원을 풀어 너무 기쁘다는 목소리를 내뱉었다.
그래서 당근과 오이가 다리 사이에서 나뒹굴어도 아랑곳하지 않았다.
그리고 그것이 생각지도 못한 '남아프리카공화국' 국적을 가진
사람과의 첫 악수였다.

동방예의지국에서 온 내가 왜 인사에 미숙하고 서툰 것일까.
그리고 왜 동방예의지국에서 살고 있는 우리는 눈을 마주치는 순간
'인사'가 아닌 '인상'이 오가는 것일까.
아마도 인사에 대한 가르침의 문제가 아닐까.
"어른을 보면 인사를 해야지."라고 배웠던 기억만 있는 걸로 봐서는
그럴지도 모른다. 인사라는 것을 통해 눈을 마주치고
서로에게 햇볕이 되어 따스함과 새콤함을 반쪽씩 나눠가질 수 있음을
일찌감치 알았더라면…
나는 폴에게 1층에서부터 인사를 건넬 수 있지 않았을까.
그리고 '파야레바' 역의 아침을 지날 때마다
그 아주머니의 이름을 부르며 웃을 수 있지 않았을까.

#032

이곳 남자 훔쳐보기

세 여자의 다른 점. 한 명은 서울에서 왔고 다른 한 명은 중국의 후베이에서 왔고 다른 한 명은 이곳에서 자랐다는 것.
세 여자의 공통점. 셋 다 이곳 남자와 데이트를 해 본 경험이 있음.
그리고 더 큰 공통점. 이곳 남자는 다시는 만나지 않을 것을 맹세하고 있음.

[서울 여자의 증언] 두 명의 이곳 남자와 연애를 했음. 다른 두 남자와 연애를 했지만 헤어짐은 마치 두 남자가 사전에 작당이라도 한 것처럼 똑같았다고 함. 둘 다 헤어짐과 동시에 자신이 줬던 선물이며 사줬던 갖가지 물건들을 다시 되찾아감.

[후베이 여자의 증언] 한 명의 이곳 남자와 연애를 했음. 헤어진 후 남자로부터 연락이 옴. 남자는 사줬던 물건을 다 돌려달라고 함. 여자는 더위에 짜증까지 더해지며 전화를 확 끊어버림. 잠시 후 다시 남자로부터 전화가 걸려옴. 아니 남자의 다른 전 애인에게 전화가 걸려옴. 그 여자가 하는 말. "그 핸드백 다시 안 돌려주면 경찰에 신고할 거야!"

[이곳 여자의 증언] 연애까지는 아니지만 데이트는 했음. 소개팅으로 만났고 그 후 세 번의 만남을 가졌음. 세 번을 만났지만 강렬한 스파크가 느껴지지 않아 여자는 연락을 하지 않기로 결심함. 그래도 계속되는 남자의 집요함에 여자는 연락하지 말라고 단호하게 얘기함. 그 후 며칠이 지나 그 남자로부터 200달러의 청구서 문자가 날아옴. 이게 뭐냐고 여자가 묻자 남자가 하는 말. "너랑 만날 때 내가 사줬던 밥값이랑 내가 널 태우고 다녔던 내 차의 기름 값이야."

한 치의 오차도 없는 세 여자의 일치된 증언에 따라 당신은 범인이 확실하군요. 물론 이 범인들로 인해 억울해지는 선량한 남자도 있을 거라는 생각도 드는군요.

오차드 로드(Orchard Road)

'오차드 로드'는 '싱가포르 = 쇼핑의 천국'이라는 등식이 무색해지지 않도록 싱가포르 도심 도로를 사이로 유명 쇼핑몰들이 양 손에 쇼핑백을 가득 들고 있는 것처럼 빽빽하게 들어서 있는 거리다.
각 나라에서 내로라하는 브랜드들이 이 쇼핑몰 안의 한 자리를 꿰차기 위해 치열한 경쟁을 벌이기도 한다. 동남아의 허브이자 세계 석유 거래의 중심지인 싱가포르는 각양각색의 여권들을 지닌 여행들이 앞 다퉈 도장을 찍으러 오는 곳이다.
그런 싱가포르의 중심지 '오차드 로드'에 매장을 열면 동남아시아는 물론 세계 각국 사람들에게 브랜드 홍보 효과가 만점이라는 것을 일찌감치 알아챈 장사꾼들이 경쟁적으로 진출하는 곳이다.
이곳에는 과하다 싶을 정도로 많은 명품 브랜드가 들어서 있을 뿐 아니라 같은 브랜드가 도로를 사이로 마주보고 있거나 징검다리처럼 한 건물 걸러 다시 보이기도 한다.
'오차드 로드'의 도로 끝을 잡고 마치 카펫에 방지 턱처럼 솟아오른 굴곡을 없애는 것처럼 살짝 들어 올린 후 손목에 가볍게 스냅을 주며 탁 털어낸다.
손끝에서 시작된 물결은 도로를 따라 흐르며 '오차드 로드'의 쇼핑몰들도 물결을 타고 넘실거린다. 그러자 물결의 파동에 쇼핑몰들이 넘실거리며 수 만 가지의 재화가 하늘에서 쏟아져 내린다.
사람들은 마치 기다렸다는 듯이 준비해 둔 쇼핑백을 벌리며 갖고 싶었던 것들을 받아내느라 정신이 없다. '쇼핑의 천국'이라면 가끔 이 정도의 이벤트가 필요하진 않을까.
'오차드 로드'의 한 벤치에 앉아서 했던 엉뚱한 상상. 하지만 하늘에서 명품들이 떨어지는 상상보다 더 즐거운 상상은 '오차드 로드'에서도 크리스마스에 하늘에서 내리는 눈을 볼 수는 없을까라는.

싱가포르에서 딱 한 번의 크리스마스를 보냈다. 크리스마스가 되면 설레는 모습은 이곳 사람들도 우리와 다를 게 없다. '한 여름의 크리스마스'라는 것을 말로만 들었던 내가 그러한 상황에 처할 리가 없다고 생각했던 경우의 수가 막상 찾아오니 당황스러웠다.

원래 나는 몸을 쭉 펼치는 것조차 허락하지 않는 추위가 찾아오면 크리스마스도 함께 찾아오고 있음을 감지할 수 있었다. 겨울에 찾아오는 크리스마스이기에 산타의 옷도 모자도 장갑도 두텁게 만들어졌고 산타에게 썰매를 선물했다. 그리고 우리는 추운 날씨에도 잘 견디고 있는 소나무가 마음에 들어 소나무에 크리스마스 장식물을 걸어두기로 했다.

하지만 이곳의 크리스마스에는 어울리지 않을 것 같다는 생각이 들면서 못내 아쉬운 마음이 가시질 않는다.

'오차드 로드'에도 캐럴송이 흐르고 형형색색의 전구가 크리스마스를 밝힌다. 연인과 가족과 사랑하는 사람들이 거리에 장식을 더하며 크리스마스이브의 분위기는 그렇게 무르익어간다. 하지만 여전히 아쉬운 마음이 수그러들지 않는다.

춥지 않다는 게… 털장갑과 목도리를 선물할 수 없다는 게… 그래서 이곳에 '겨울의 크리스마스'를 선물로 가져다주고 싶다. 적어도 크리스마스에는 거대한 냉동터널을 만들어 '오차드 로드'를 덮어주고 싶다. 터널 안 듬성듬성 백설기 같은 눈 덩어리를 숨겨두고 도보 블록 사이사이에는 투명한 얼음조각을 끼워두고 싶다. 그 터널 속에서 하얀 입김을 불어대며 행복해하는 그들의 표정을 보고 싶다. 이런 이벤트가 현실로 일어난다면 이브의 하루를 위해 매년 이곳을 찾아올 것만 같다.

#034

기후(期後)변화

자신을 내던져 봐요. 숨이 끊어질 때까지 달리는 거예요.
당신이 가진 이 기회가 후회가 되지 않도록 말이죠.

#035

저금통

싱가포르의 화폐는 1달러 이하는 모두 동전이다.
한 마디로 천 원짜리가 동전인 셈.
그래서 하루를 보내고 집으로 돌아올 때면
어느새 주머니에 낚였는지 동전들이 묵직하게 파닥거린다.
이 풍어의 흔적들을 쏟아내면 50센트짜리 월척부터
5센트짜리 피라미까지 책상 위에서 파닥거리고
이것들이 모이고 모여 어느 새 어항이 필요해져 저금통 하나를 샀다.
언젠가 이 저금통이 가득 차는 그 순간에는 뭔가 의미 있는 것을
사도 좋고 무엇인가를 해도 좋을 것 같은 느낌이 든다.
이 동전들을 모아두듯 내 마음도 모아놓을 수 있는
저금통이 있었으면 얼마나 좋을까 라는 생각도 함께 지녀 본다.
나만의 저금통에 순간순간 사랑하는 마음과
순수하고 청결한 감정들을 모아두고 의미 있는 사람을
만났을 때 다 써버리면 딱 좋을 것 같다는 생각도 함께 가져본다.

#036
산책

싱가포르는 시내를 벗어나 작은 동네로 들어서면 혼자 걸어도 지루하지 않고 오래 걸어도 다리가 아프지 않을 것 같은 산책로들이 힘껏 펼친 손가락처럼 펼쳐져있다. 더운 날씨 탓에 한 낮에는 밖을 걸어 다니는 사람이 적은 이곳이지만 수평선 밑으로 태양의 잠수가 시작되면 이곳 사람들은 달이 되어 하나 둘씩 지평선 위로 떠오른다. 그렇게 떠오른 달은 손가락을 따라 마디마디를 밟으며 동네 구석구석을 연결해주는 풍경이 된다.

어느 날 저녁. 나 역시 '동네의 풍경됨'에 동참하던 날 내 앞에서 개 한 마리와 함께 산책 나온 사람을 보았다. 옴 몸에 황금색 안장을 걸친 골드리트리버와 주인을 따라 걷는데 골드리트리버가 뭘 두고 왔는지 자꾸만 뒤를 돌아본다.
하지만 주인은 아랑곳하지 않고 목줄을 당기며 앞으로만 나아간다. 골드리트리버는 그래도 뭐가 그렇게 아쉬운지 멈칫 멈칫 고개를 돌리더니 급기야 나와 눈이 마주쳤다. 그 눈망울과 초점이 맞아떨어지는 순간 난 산책을 멈출 수밖에 없었다.
산책. 단어만으로도 충분히 가볍고 여유로우며 편안한 것. 내가 걷고 싶은 속도를 유지할 수 있고 작은 풀꽃일지라도 관심의 눈길이 간다면 잠시 멈춰 설 수도 있는 것. 그리고 그게 만약 사람이라면 더 오랜 시간을 멈춰서 대화할 수 있는 시간. 그래서 단어만으로도 행복한 시간.
골드리트리버 역시 이 단어를 듣는 순간 두발로 뜀박질 해대며 행복함을 느꼈을 거야. 하지만 목줄에 끌려 주인의 속도에 맞춰 그가 가고 싶은 곳을 따라다녀야만 하는 것은 오로지 주인을 위한 산책이었던 거지.
주인은 그저 자신을 위해 개를 데리고 나왔을 뿐이야. 개가 살찔까봐 혹은 혼자의 산책이 무료할까봐 데리고 나왔던 거지. 말은 "우리 산책가자!"라고 해놓고 밀이야.

#037

주는 사랑의 결핍

세상에는 말이죠. 부족한 것들이 참 많아요.
그리고 사람들은 그 부족함을 채우기 위해
밤낮을 가리지 않죠. 다행스럽게도
그 부족함은 시간이 지나 조금씩 채워지게 되죠.
당신이 준 사랑이 그랬어요. 날 채우고
또 채우고 또 채워 항상 넘치게 만들어 주었죠.
하지만 말이죠. 왜 그런지 모르겠어요.
내가 당신에게 줬던 사랑은 언제나 부족했단
말이죠. 아마도 그 부족함은 텅 빈 내 가슴처럼
영영 채워지지 않을 것 같네요.
밤낮을 가리지 않는다 해도 말이죠.

#038

질투

한바탕의 스콜이 지나간 오후.
밀가루를 반죽에 뿌려대듯 햇발이 힘차게 내리쬐기 시작한 오후.
오늘은 더 이상 비가 오지 않을 거라고 확신을 할 수 있었던 오후.
이때다 싶어 평소에 가고 싶어 했던 곳으로 종종걸음을 쳤다.
차이니즈 가든. 지하철 노선도를 보던 중 눈에 확 박혀버린 이곳.
마치 신발주머니에 야무지게 적어둔 이름 같은.
그래서 한 번 보면 쉽게 잊혀 지지 않는 이곳을 드디어 가보게 되었다.
정원의 테두리에는 유유한 호수가 흐르고 있어 정원은 계란 노른자처럼 자리 잡았다.
야무진 이름처럼 중국인들의 문화와 색깔을 내기 위해 노력한 흔적들이
이곳의 도처에서 자랑하듯 서있고 특히 공자 · 순자와 같은 성인들의 석상은
그들의 위상보다 더 위풍당당했다.

서태후의 별장이었던 베이징의 '리허위엔'을 연상케 하는 산책로는 걸어도,
걸어도 질리지 않았다.
산책로를 지나 노른자의 테두리를 지나다보면 정원이라는
이름은 이런 곳에만 쓸 수 있도록 해야 한다는 생각이 들 정도로
정원다운 고요함과 편안함이 가득하다. 아무 곳에서나 드러누워 버리고

싶은 충동을 느끼고 그 누운 자리에는 반드시 책과 금발의 큰 개와
고소한 냄새가 폴폴 솟아나는 빵 봉투가 내 곁을 지켜줬으면 좋겠다.
더운 날씨 탓에 스웨터는 입고 있지 못 하는 게 아쉽지만 최소한 정원의 잔디와
벤치와 어울릴 수 있는 옷을 입고 다시 왔으면 좋겠다.
모퉁이를 돌아 이정표와 마주했다. 이정표를 보는 순간 왠지 모르게 솟아나는 질투.
'차이니즈 가든'과 '재패니즈 가든'의 공존.
이곳의 한편은 '차이니즈 가든'이라 불리고 또 다른 한편은 '재패니즈 가든'이라
불리고 있었다. '코리안 가든'이 없음에 질투가 슬며시 올라왔다.
정원에 심어진 곧은 나무 껍데기를 발라와 이정표에 덧붙이고 야무진 이곳보다
더 야무지게 이름을 써두고 싶은 마음. 마치 학창시절 짝꿍의
좋아하는 사람 명단에 내 이름이 없는 것에서 느끼던 순수한 질투와 실망감에서
쉽게 벗어나지 못했던 이곳.
내가 너의 이름을 불렀을 때 네가 꽃이 되었던 것처럼 공책 한 귀퉁이에
내 이름을 적어주던 그 소녀에게 나는 무엇이 되었을까 궁금해 하며
갑작스레 마음이 부풀었던 그때. 너의 그 아리따운 입술을 통해 고운 목소리로
내 이름만 불러주어도 날아갈 것만 같았던 청춘.
네가 그의 이름만 말했을 뿐인데도 움찔하며 질투했던 순간. 이름. 그 이름.

#039

공통점

기쁠 때도 슬플 때도 함께여야 한다는 것.
처음이 어렵지만 금세 익숙해진다는 것.
속 아프고 머리 아파 다신 안 쳐다봐야지라고 다짐하지만 또 찾게 된다는 것.
종류는 많지만 취향이 된 것을 주로 찾는다는 것.
적당하면 이롭지만 과하면 해롭다는 것.
그래서 병도 나는 것.
중독되는 순간 벗어날 수 없다는 것.
누구나 한번은 맛을 본다는 것.
맛을 보고 나면 자꾸 생각나는 것.
한 잔 만이라고 하지만 결국 마음대로 조절하기 힘든 것.
결국 내 몸과 마음을 가눌 수 없게 만들어 버리는 것.
혼자는 처량하고 쓸쓸해 보이는 것.
그래서 채워줄 누군가가 있으면 좋아지는 것.
한 번 뚜껑을 열고나면 다시 닫아도 원상복귀가 되지 않는다는 것.
그것은 술과 사랑의 공통점.

#040
여행과 체류와 사랑의 삼각관계

1년을 넘게 싱가포르에 있었습니다. 나는 과연 여행자였을까요. 아니면 체류자였을까요. 머문 시간으로 여행과 체류의 구분을 하기는 힘들 것 같습니다.
언젠가 떠나야 하는 우리는 이곳에 오랜 시간 머문다 한 들 남겨진 사람들에게는 여행으로 보일지도 모르니까요. 1년을 넘게 이곳에 있었지만 떠나는 순간 이곳

사람들에게는 오랜 시간 여행을 왔던 사람일 테고 다시 만난 사람들에게도
역시 긴 여행에서 돌아온 사람일 것입니다.
사랑도 그렇습니다. 누군가의 마음속에 잠시나마 머물렀어도 긴 시간 머물렀어도
같은 사랑입니다. 머문 시간과는 관계없이 떠나게 되면 그리워지는 건
모두 같은 맥락이겠네요. 평생을 머물 수 있는 곳을 찾을 때까지 우린 쉼 없이
여행을 합니다. 숨이 턱까지 차오르지만 그만둘 수 없습니다.
하지만 평생 찾아 다녀도 평생 머물 수 있는 곳은 찾을 수 없을 것 같습니다.
우리는 짧게 든 길게 든 항상 떠나야 하는 야속하고 약한 '사람'이기 때문입니다.

#041

꽃처럼 사랑하라

뜻하지 않게 이곳에서 큰 영광을 안았다. 꿈으로만 남을 줄 알았던
신춘문예 당선이 이곳 신문사를 통해 이루어졌다.
시상식 날이 되었고 난 말끔한 옷차림을 위해 더욱 신경을 썼다.
수상 소감을 준비해달라는 전화를 일주일 전에 받았지만 어떤 준비도 할 수 없었다.
시상식을 가는 그 순간조차도 믿어지지 않았으니까.
그 날은 정말 많은 사람들의 축하를 받고 박수를 받고 사진을 찍었다.
그리고 꽃도 받았다.

꽃. 지금까지 삶의 줄기를 따라오며 꽃을 받아 본 적이 얼마나 있었을까.
아마도 이 꽃다발에 수 놓여있는 꽃송이보다 적은 것 같다.
입학과 졸업을 넘나들며 받았던 기억들뿐. 수 년 만에 받은 꽃다발을 들고
마치 꽃길을 걷는 기분으로 거리를 누볐다.
지나가는 행인들이 쳐다보는 시선이 여느 때와는 사뭇 다르다.
아니, 평소에 받지 않았던 시선을 받는다. 내 얼굴 한 번, 꽃 한 번

그리고 다시 내 얼굴 한 번. 반복적으로 확인하듯 쳐다본다.
그저 꽃다발을 들었을 뿐인데 유명 스타처럼
주목을 받느라 장미보다 얼굴이 붉어지는 것 같다.

어쩌면 이 꽃의 주인이 나인지 아니면 꽃의 주인을 만나러 가는 길인지
궁금해 할지도 모르겠다. 꽃은 여전히 아름답기만 한 존재.
그래서 꽃을 들기만 해도 그 사람까지 아름다워지는 것. 금방 시들지만
마음의 밭에서 다시 피어나는 것. 그 피어난 꽃이 홀씨를 뿌리고
체온과 눈빛을 통해 타인의 마음 밭에 또 다른 꽃밭을 만들어 주는 것.
결국 사랑은 서로가 서로의 꽃밭을 만들어주고 잘 자랄 수 있도록
쓰다듬어 주고 시들거나 상하지 않게 배려하는 것.
혹여나 시들라치면 그리고 시들었다면
적어도 잘 말려줘 최소한의 아름다운 모습으로 남겨주는 것.

#042

마리나 베이 샌즈

'싱가포르의 아이콘'이라 불릴 정도로 유명한 호텔이 바로 마리나 베이 샌즈 호텔이다. 지하3층, 지상 57층, 총 200미터의 높이로 하늘에 지어졌다고 해도 과언이 아닐 큰 키는 조형물을 뛰어넘은 찬란함을 발산한다. 특히 피사의 사탑보다 열 배가 더 기울어지며 그려내는 옆구리의 곡선은 모쉐 샤프디라는 디자이너가 휘어진 카드를 그대로 옮겨놓았다고 하는데 세상 어느 여인의 그것보다 매혹적이다.
더군다나 이 기적이라고 불리는 건축물을 만들어낸 조물주가 한국의 건설회사라는 사실은 새삼 애국심을 고취시키며 건물의 외벽에 태극기를 수놓게 만든다.

고속 엘리베이터를 타고 지상 200미터에 있는 스카이 파크에 닿으면 그 감탄은 물리적 높이를 훌쩍 넘어 그 끝을 모른다.
이보다 더 경이로운 것은 이 꼭대기에 물을 길어 만들어놓은 수영장. 아니 수영장이라고 하기엔 미안한. 마치 사해(四海)의 모서리 한 조각을 잘라 옮겨 놓은 것 같은 곳. 하늘에 몸 담그고 구름을 튜브삼아 천국을 떠다니는 듯. 지상 200미터에서 수영을 즐기는 풍경이란 마치 신들의 축제가 이런 모습이 아니었을까 라는 상상을 가능케 한다. 이곳에서 맞이하는 태양은 천국에서 뿌려주는 꽃가루이고 내리는 빗물조차도 신들의 축복이라고 여겨질 정도로 모든 것이 수려하고 완벽하다. 이곳에서 처음으로 하늘의 향기를 알았다.

#043

희망

그녀는 지난 사랑 얘기를 해주었다. 홈페이지의 사진을 보여주며
서로 정말 사랑했던 사이라고 말했다.
하지만 이루어지지 못했다며 이제 볼 수 없다고 울먹였다.
이곳에서 멀리 떨어진 대만으로 떠났다고 눈물을 떨어뜨리며 말했다.
눈물은 마스카라를 쓸어내리며 그녀의 사랑처럼 짙게 번졌다.
"그곳으로 가요. 그리고 그 사람을 만나요."
"안돼요. 그곳으로 가도 만날 수 없어요.
저번 주에 그곳에 갔지만 연락할 수 없었어요."

보고 싶은 사람을 못 보는 것보다 보고 싶은 사람을
안 봐야 하는 것이 더 비참한 것.
못 보는 사람. 언젠가 볼 수 있을지도 모른다는,
적어도 희망의 파편을 내어 줄 수 있는 것. 안 봐야 하는 사람.
입술을 깨물고 참아내며 망각하는 것만이 유일한 희망이 되어 버리는 것.

#044

버스데이

43번 버스를 탔다. 항상 그렇듯 어딘가를 목적으로 두고 타진 않는다. 버스를 타는 방식은 지극히 단순하고 무식하고 용감하다. 그날은 4월 3일이라서 43번 버스를 탔다. 목적지가 없어서 오히려 불안하지 않다. 창밖을 보다가 사진을 찍고 싶은 곳에 내려도 좋고 사람들이 갑자기 우르르 몰아 내리는 행렬에 맞추어 내려도 좋고 듣던 음악이 마음에 들어 그 음악이 끝나는 순간 내려도 좋다. 낯선 이곳에서는 이렇게 낯선 행동마저 익숙해진다.

노선의 반쯤을 지났을 때 버스가 멈추더니 갈 생각을 하지 않는다. 버스는 멈춰서 있고 운전기사도 핸들에서 손을 놓았다. 고장이라고 오해할 정도로 오래 서 있다. 그리고 다만 중학생으로 보이는 인도 소년이 눈깔 사탕만한 눈을 부릅뜨고 버스 안을 휘젓고 다닌다. 그리고 운전기사와 소년의 대화가 들렸다.

"어디 앉았었니?"
"이 자리요."
"다시 한 번 잘 찾아보렴."

소년은 지갑을 잃어버렸다. 소년에게는 미안하지만 내게 더 놀라운 사실은 버스기사가 여전히 출발하지 않는다는 사실과 아무도 출발을 재촉하지 않는다는 것이었다. 마치 나와 똑같이 4월 3일이라서 43번 버스를 탄 것처럼. 마치 4월 3일이 '버스데이(Bus day)'라 43번 버스를 타는 것 자체가 즐거움인 것처럼.
버스기사는 소년이 지갑을 찾아 지금 멈춰선 목적지에 내릴 수 있도록 배려하고 승객들은 그 배려에 함께 동참하고 있었다. 버스 데이 기념으로 10분 이상을 소년에게 배려했지만 결국 지갑을 찾지 못했다.
하지만 소년아. 네가 곧 기억해줬으면 해. 43번 버스 기사와 이곳 사람들의 배려를. "해피 버스 데이 투 유!"

#045

커피 쿠폰

싱가포르에서 자주 가는 카페가 있다. 이곳 사람이라면 누구라도
다 아는 '탄종파가 인터내셔널 플라자'를 등지고 오른쪽으로 스무 발자국
떨어진 곳에 자리한 카페 '글로리아 진'
커피 맛도 맛이지만 이 카페가 더 좋은 이유는 이곳의 더위에 반항이라도
하는 듯 여느 카페보다 시원하게 뿜어져 나오는 에어컨에 대장간 말굽처럼
달궈진 몸을 단박에 식힐 수 있다는 점과 이곳에서는
드물게 찍어주는 커피 쿠폰이 좋았다.

"열 번째 오셔서 오늘은 서비스 커피를 받으실 수 있어요."

커피를 닮은 그리고 큰 눈을 더 크게 보이게 하는 두터운 쌍꺼풀을 가진.
소녀라고 불러야 할 것 같은 점원이 말했다. 그 말을 듣는 순간 감정 이상자처럼
가슴이 멈췄다.

'사랑은 커피 쿠폰이다.'

이 생각 머릿속에 한참을 머물며 떠나질 않더니 나 역시 커피 쿠폰을
물끄러미 바라본 채 카페를 떠날 줄 몰랐다.

"몇 번 안 만나봐서 잘 모르겠어."

우리는 과연 몇 번을 만나야 그 사람을 알 수 있는 것일까.
그리고 사랑 할 수 있는 것일까. 결국 다음부터는 쿠폰을 가지고 오지 않았이.

#046

멀어, 멀어, 멀어

한 국가의 면적이 서울이라는 한 도시와 닮은 이곳. 그래서 내게 '한국은 크잖아!'라는 말을 처음으로 들려준 이곳 사람들.
도시국가라는 블록으로 지어진 것 같은 아기자기한 이름으로도 불리는 이곳. 이곳의 끝에서 끝을 가더라도 운전으로 30분이면 충분하고 어딜 가더라도 '멀다'라는 말은 어색한 듯 했지만 이곳 사람들에게도 '멀다'라는 말은 그리 멀리 있는 말은 아니었다.
이런 작은 나라에 살면서도 서로의 집이 동쪽과 서쪽, 남쪽과 북쪽의 끝자락에 걸려 있다는 것을 알면 '너무 멀다'는 말이 자주 오가곤 했다.

이곳으로 오기 전 가족은 가방에 넣고 데리고 갈 수가 없어 사진이라도 넣어가려고 먼지가 사박사박 앉은 앨범을 꺼냈다. 내 어릴 시절 사진부터 부모님의 젊은 시절 빛바랜 사진까지 감회가 새로운 사진들을 보게 되었다. 비록 사진이라 해도 모두 데리고 갈 수 없기에 신중하게 고르고 있던 중 처음 보는 사진이 눈에 띄었다.

부모님 두 분이 사진관에서 찍은 지금으로 말하면 커플 이미지 사진 정도라고 하면 딱 알맞을 그런 사진이 있었다. 흑백의 색이 바랄대로 바라져 변색이 됐지만 사랑하는 모습은 지금의 모습과 닮아있는 사진. 사진의 뒷면에는 아버지의 로맨틱한 메시지까지 새겨져있는 그 시절의 사랑 냄새가 진하게 묻어나오는 사진과 함께 완도 섬

총각과 공주 시골 처녀의 러브스토리가 앨범에 고스란히 담겨있었다. 섬을 탈출해야 어머니를 만날 수 있던 아버지는 배를 타고 버스를 타고 다시 기차를 타고 또 다시 버스를 타야 사랑에 닿을 수 있었다.

과연 내가 지금 살고 있는 시대에 진정 먼 곳이 있을까. 멀다하여 지상에는 버스와 택시를 놓아주고 그것도 멀다하여 땅 속에는 지하철을 뚫어주었다. 하지만 그것도 멀다하여 고속도로가 생기고 철로가 깔렸고 공항이 지어졌다. 세상은 더 가까워지라고 하는데 우리는 계속 멀어지기만 한다.

#047

지금

당신은 지금 하고 싶은 일을 하고 살고 있는가.
당신은 지금 좋아하는 밥을 먹고 있는가.
당신은 지금 당신이 원하는 곳을 가고 있는가.

내가 하고 싶지도 않은 일을 하면서 하루하루를 버텨내야 할 때. 내가 왜 그 일을 해야 하는지도 그 일의 종착지가 어딘지도 모른 채 울며 겨자를 얼마나 더 많이 먹어야 하냐며 울고 또 울었어.

어릴 때부터 싫어하던 메뉴지만 그걸 먹고 체했던 적이 있어 다신 꼴도 보기 싫은 음식이지만 싫어한다는 말을 할 용기가 없었지.

그런 말을 할 수 있는 분위기도 아니어서 단지 묵비권을 행사하며 불편한 식사에 동참해야 할 때. 속이 뒤틀리고 메스껍기 그지없지만 꾸역꾸역 먹는 시늉이라도 해야 할 때가 있어.

다시는 가고 싶지 않은 곳이지만 돈을 주고 가래도 안 간다며 다짐했던 곳이지만

안 좋은 기억이 그림자처럼 도처에 도사리고 있는 곳이지만 보이지 않는 힘에 이끌려 도살장 끌려가듯 가야만 할 때.

사람이 어떻게 하고 싶은 것만 하며 살겠냐며 숨죽은 배추처럼 방구석에 앉아 스스로를 어루만지고 위로하지만 큰 위로가 되지 않을 때.

지하철에서 누군가의 이어폰에서 삐쳐 나오는 음악 소리를 들어야 하는 것처럼 싫은 거야.

설령 그 음악이 내가 좋아하는 음악이라도 지금 내가 듣고 싶지 않으니까.

139

#048

일기예보

이곳의 기상청은 참 단순하네요. 매일 같은 일기를 예보하거든요.
일기예보에는 비 오는 날의 연속이에요. 아마도 소나기 때문 일거에요.
언제 소나기가 내릴지 몰라서 그럴 거예요.
맑은 날로 예보했는데 비가 오면 부끄러워지잖아요.
사람들한테 원망을 듣게 되잖아요.

비 오는 날로 예보를 하고 비가 오지 않으면 괜찮잖아요.
준비해 온 우산을 쓰면 그만이지만 그 반대는 원망을 들으니까요.
이곳의 기상청은 이렇게 최악을 알려주고 대비를 하게 해줘요.
그래서 비를 피할 수 있어요. 옷도 가방도 신발도 안 젖을 수 있어요.

사랑도 그럴 수 있을까요. 사랑하는 순간에도 사랑하는 사람의 눈을
바라보고 있는 동안에도 이별과 아픔과 고통을 예감할 수 있을까요.
사랑하는 사람의 손을 잡고 있으면서도 그 손을 놓게 될지도 모른다는
생각을 할 수 있을까요. 사랑은 그러지 못 하는 것 같아요.
사랑에 빠지는 순간 사랑을 발견하는 순간만은 최선만 보이게 되죠.
눈이 멀고 마음이 취하거든요. 그래서 비를 맞아요. 그래서 더 아픈가 봐요.

그 사람의 체온에서 추운 날은 예보된 적이 없어요.
그 사람의 눈빛은 언제나 맑은 날보다 더 맑았죠.
그래서 예보 되지 않은 비를 맞는 순간 어쩔 줄 모르게 되나 봐요.
그냥 털썩 주저앉아 비를 맞을 뿐이죠.

#049

떠나야만 했던 사람들

어딘가로 떠나고 싶어서 아니면 그게 습관이 되어서.
날 때부터 여행을 좋아해서 또는 시쳇말로 역마살이 끼어서.
이렇게 떠나지 못 해 안달 난 사람들이 있는
반면 떠날 수밖에 없어서 떠나야만 하는 사람들도 있다.

이네스, 네가 그랬었다. 넌 이곳을 떠나야만 했다고 말했다.
많은 사람들이 자신을 기억해주길 원하지만 넌 너를 지워주길 바란다고 했다.
하지만 그럴 수 없다는 걸 알기에 네가 그 모든 것을 지우려 했고
감춰야 했고 떠나는 길이 최선이었다고 했다.
너에게는 가족과 친구와 추억을 찾는 것보다 네 자신을 찾는 것이
더 절실해서 떠났다고 했다.
이네스는 트랜스 젠더가 되기 위해 12년 동안 이곳을 떠날 수밖에 없었다.
너의 그 말을 듣고 생각했다. 난 과연 떠나고 싶은 사람이었을까 아니면
떠나야만 하는 사람이었을까. 별리할 때의 나는 분명 떠나고 싶었던 것 같다.
하지만 떠나야만 했던 상황이기도 했다.
미지의 세계를 맛보며 내 질려있는 미각을 달래고 싶기도 했지만
동시에 그런 질림에서 벗어나고자 그리고 일에 의해 떠밀리기도 했다.

여행이라는 단어는 많은 사람들을 설레게 만들고 낭만 가득한
보석 상자처럼 보이지만 실상 모두가 그렇지는 않다는 것.
그 누군가에는 판도라의 상자일 수도 있다는 것.
그래서 자꾸만 열어보고 싶은 유혹이 생기는 것.

#050

도로 위에 핀 꽃 '라오빠사'

'도로 위의 식당'이라 불리는 '라오빠사'라는 먹자골목이 있다.
아니, 있다고 하기 보다는 없다가도 생기고 다시 사라진다. 낮에는 자동차가 왕복하는 평범한 도로이지만 저녁 어스름해지면 땅거미와 함께 테이블과 의자가 깔리기 시작한다.
저녁 7시가 되면 언제 이곳이 도로였냐는 듯이 아스팔트를 뚫고 피어난 꽃들로 주변은 맛있는 향기가 가득해지고 이 향기에 이끌려 의자에 철썩 앉게 되는 곳이기도 하다. 사막을 개척해 라스베이거스를 창조해 내 듯 이곳 정부에서 도로를 일궈 만들어 낸 기적인 셈이다.

이곳에는 싱가포르 · 말레이시아 · 태국 · 인도네시아와 같은 여러 동남아 나라들의 먹 거리가 향연을 펼친다.
낮에만 해도 내가 차를 타고 지나갔던 자리에 앉아서 말레이시아 사태(꼬치)를 벗 삼아 맥주 한 잔으로 더위를 달래고 있다는 것이 마치 금지된 것을 몰래 시도하고 있는 아이처럼 오밀조밀한 기분이 든다.
도로는 차만 달릴 수 있는 것이 아니라는 것을 이곳에 와서야 알았다. 맥주도 마실 수 있고 음식도 먹을 수 있고 대화를 나눌 수도 있다. 하지만 마음속 도로에는 항상

차만 지나갈 수 허하지 않았던가. 오로지 내 기준에 적합하다고 생각되는 것들만 통행을 허용하지 않았던가. 가슴속에 굵은 차선을 그어놓고 서로가 편해지기 위한 최선이라는 꾸밈으로 위선을 늘어놓지는 않았던가.

그리고 위선에 베어 상처받은 서로를 알면서도 그나마 선을 지켰기에 때문에 덜 아픈 것이라며 자위하지는 않았던가. 내가 놓은 선 안에 갇혀 넘어 볼 용기조차 내지 못하고 끝내 붙잡지 못했던 순간들이 별보다 많지는 않은가.

도로 위에 피어나려는 꽃을 꾹 밟고 서있진 않았던가.

#051

이곳

이곳을 발견했을 때 내 청춘의 피는 가속도가 붙어 혈관을 할퀴듯이 스치며 날 강렬하게 자극했다. 아마도 콜럼버스의 기분이 이랬을지도 모른다는 생각이 든다.
싱가포르에 머문 지 1년이라는 시간이 지나서야 4천 킬로미터가 넘게 날아온 이국땅에서 비로소 이곳을 찾았다.
나를 더 충격으로 몰아넣었던 것은 이곳이 내가 사는 '더 베이쇼(The Bayshore)' 콘도 쪽 문을 나와 딱 마주치는 도로 하나만 건너면 되는 거리에 있었다는 것.
이 사실을 나만 몰랐던 것인지 이곳이 어느 날 아침 태양에 끌려 솟아오른 것인지 그것도 아니라면 내가 그렸던 그림 속에서 이사를 온 것인지 이해가 가지 않을 정도로 가까이에 있었다.

이곳은 바로 내가 그토록 갖고 싶었고 찾고 싶었고 꼭 한 번은 보고 싶었던 그래서 존재의 사실을 믿고 싶었던 마음의 공간.
수컷의 사진을 찍어도 실물의 느낌이 살지 않아 모종 떠내듯 삽으로 도려내 가져가고 싶었던 이곳.

신조 다케히코 감독의 영화 '다만, 널 사랑하고 있어'의 한 장면.
남자 주인공 마코토는 우연히 '출입금지'라는 글자와 함께 막아놓은 울타리를 넘게 된다. 여자 주인공 시즈루는 언제 마코토를 따라왔는지 덩달아 울타리를 넘는다. 사진 찍기를 좋아하는 마코토는 이 비밀스러운 장소에 매료되고 마코토가 좋아진 시즈루도 덩달아 넘었던 울타리처럼 이 장소가 좋아진다.
이 금지된 공간은 어느새 특별함이라는 색으로 물들며 둘만의 공간이라는 노을을 그려내고 굳이 약속을 하지 않아도 연락이 닿지 않아도 이곳에 가면 언제나 서로의 그림자를 쓰다듬을 수 있는 집이 되어간다.
영화가 끝나갈 무렵 난 부러웠다. 아니, 부끄러웠다. 발이 닳도록 지도를 밟아대도 다 밟지 못 할 만큼 이 넓은 세상이라는 곳에 그들이 가진 마음의 공간이 나에게는 없다는 것에 대한 후회가 밀려왔었다.
하지만 이곳에서 마음의 공간과 정면으로 대면하면서 끙끙 앓았던 그래서 평생 감기처럼 달고 살 것만 같았던 그리움의 존재에 대한 백신을 선물로 받았다.
마음의 공간은 금지된 공간처럼 타인의 손이 타지 않아 비밀스러워야 하고 가려진 듯 보이서도 내 눈에만은 선명해야 하고 햇살이 뿌려지면 풀과 이파리들이 형광색처럼 반짝거렸다. 안개가 허리띠를 두르면 날 투명인간으로 만들어주고 비가 내리면 나뭇가지에 걸쳐 떨어지는 빗방울이 외로움을 씻어줄 수 있는 곳.
이곳을 네게 선물하고 싶다. '베이쇼 로드(Bayshore road)' 가장자리에서 깊은 잠을 자고 있던 마음의 공간.

#052

때마침

엘리베이터 앞에 섰는데 때마침 문이 열릴 때.
정거장에 서자마자 때마침 버스가 도착할 때.
아무 생각 없이 간 마트에서 때마침 마감 세일이 시작될 때.
딱 한 개 남은 것이 때마침 내 차지가 될 때.
그립다고 생각하는 순간 때마침 전화벨이 울릴 때.
또 그리워서 보낸 문자에 때마침 안 잤는지 답장이 올 때.
술 마시다 시계보고 놀라 빛의 속도로 날아와 대문을 여는 순간
때마침 아버지가 출장을 떠났을 때.
자명종이 고장이 난 나머지 늦잠을 잔 아침
때마침 들려오는 부장님의 외근 소식.
마감 시간에 간 은행에서 줄이 너무 길어 발을 동동 구르는데
때마침 누군가가 건네주는 다음 순서가 찍힌 번호표.
시험 날 아침 책 덮기 직전 눈에 들어왔던 문장이 고스란히 시험지에
인쇄되어 있을 때. 무심코 주머니에 손을 넣었는데
때마침 까맣게 잊고 있던 잔돈이 손에 잡힐 때.
이런 작은 것들로도 충분히 행복할 수 있는 인생이거든요.
특별한 행복이 찾아오지 않아도 특별한 불행이 없음에
행복할 수 있는 게 인생이거든요.

#053

받쳐주기

이곳 사람들은 에스컬레이터를 탈 때 한 줄 서기를 상당히 철저히 지킨다.
서있는 사람은 왼쪽에 서고 오른쪽이 걸어 올라가는 사람들의 길이 된다.
한번은 이 한 줄 서기가 너무도 싫었다. 안 그래도 좁은 에스컬레이터에서 왼쪽으로
치우쳐 서 있어야 하는 것도 싫고 동행하는 사람이 있을 때 나란히 서있지 못하게
만드는 것도 싫었다. 그리고 무엇보다 계단을 놔두고 굳이 에스컬레이터를
계단삼아 오르는 심보를 이해하지 못했다.

약속에 늦은 어느 날. 급한 마음에 무의식적으로 에스컬레이터를 계단삼아 오르는
내 자신을 볼 수 있었다. 에스컬레이터를 오르는데 뭔가 편하고 가볍다.
계단보다 조금은 쉽고 빠르게 오를 수 있도록 에스컬레이터가 뒤에서 날 살짝
받쳐주는 기분이 들었다.

어린 시절 아버지와 함께 떠난 등산의 오르막에서 지친 날 위해 뒤에서 받쳐주던
아버지의 손처럼. 그냥 손만 받쳐줬을 뿐인데 날 힘껏 밀어준 것도 아닌데 오르막이
평지처럼 가볍게 느껴졌었던 그 때.

그래, 사랑이 그랬던 것 같아. 항상 서로의 뒤에서 마음을 받쳐주고 있는 것.
그 약간의 받쳐줌만으로도 내 마음이 더 편해지며 행복할 수 있는 것.
사람들이 왜 계단을 두고 에스컬레이터로 오르는지 이해가 가는 것 같아.
우리는 미미하게나마 그런 사랑이 있기에 하루가 덜 힘든 것이니까.
매일 계단을 오르는 것처럼 힘든 일상에서 날 받쳐주는 당신이라는 사람이
언제나 마음속에 살고 있으니까.

#054

사람과 사람

기다림이란 말이죠. 설레면서도 화가 나는 것이죠. 그래서 아이러니해요.
심장이 멎을 것처럼 설레다가도 시야가 희미해질 정도의 끄트머리를 바라보면서
당신의 그림자라도 보이길 갈망하면서 콧노래를 흥얼거리다가도.
그 일이 반복이 되고 시간이 연장되면 화가 난단 말이죠.
기다려본 사람은 잘 알거에요.
그러다 지쳐 상처주고 상처입고 이별하게 되죠.
처음엔 모든 것이 좋았는데 시간이 지나면 변해가는 건 기다림도 똑같나 봐요.
기다리는 사람은 점점 화가 나면서 지쳐가죠.
기다리게 하는 사람은 점점 미안하고 마음이 아프죠.
그래서 결국은 이별해요. 그리고는 생각하죠.
다신 기다림 따윈 하지 않을 거라고. 다신 기다리게 하지 않겠다고요.
하지만 또 기다리게 되죠. 그리고 또 기다리게 하죠.
자, 이제 두 번째에요. 어떻게 해야 할까요.
이별하는 날.
다신 그러지 않을 거라며 꽉 깨문 입술 사이로 흘렀던 눈물을
잊지 못하는데 어떻게 할까요.

이렇게 생각해봐요. 기다리기를 죽을 만큼 싫어하는 사람들 속에서
제발 기다리게 만이라도 해달라는 사람을 찾아봐요.
누군가를 기다린다는 것 자체가 희망으로 변해버린 사람들이 있어요.
기다림조차 앗아가면 절망이 되는 사람들이 있단 말이죠.
기다리기를 죽을 만큼 싫어하는 사람. 기다리게 만이라도 해달라는 사람.
서로 의지가 될 수 있을까요.

#055

소개팅

취직이라는 걸 하게 되어 서울에 살게 된 적이 있다.
서울이라는 곳의 설렘과 또 서울이라는 곳의 두려움이 골고루
비벼지며 맛있는 생활을 했던 것 같다.
서울에는 이미 많은 고향 친구들이 자리를 잡고 있어 적응에 어려움이 있지는
않았다. 경복궁이다, 청계천이다, 동대문이다,
텔레비전에서만 보던 곳들을 직접 보고 '지옥 철'이라고 불리는 지하철에서
한 장의 종이가 되어 끼어보기도 하고 크기도 넓고 사람도 많은
그곳에서 무지개를 보았던 것 같았다.
그 무지개 사이사이에 소개팅이라는 색깔도 칠해져 있었다.

혼자 지내는 내가 측은해 보였는지 아니면 서울이라는 곳에 나와 같은 측은한
사람이 많은 것인지 태어나서 할 수 있는 소개팅은 서울에서 다 했던 것 같다.
거절할 수 있다면 거절하려고 부단히 애썼지만 거절도 반복이 되면 잘난 척이 되는
걸 알기에 사람 안다는 생각으로 동의했다.
그리고 그 후로는 소개팅이라는 걸 절대 하지 않겠노라고 모든 친구들에게
선언했다. "눈이 높아 너무 고르는 거 아니니?" 등등의 수많은 잔소리와 핀잔을
듣기 시작하면서 소개팅은 하지 말아야겠다는 생각이 확고해졌다.

소개팅에 나왔던 많은 사람들 중에 내 가슴에 경종을 울렸던 사람이
왜 없을까라는 생각을 해보니 내 해답은 의외로 간단했다.
"진짜 괜찮은 사람인데 만나봐!"라는 제안으로 시작되는 소개팅은 주선자가
괜찮다고 느끼는 사람을 나와 만나게 하려고 하기 때문이었거든.
그리고 보니 마지막 소개팅이 언제였더라.

#056

그 섬 '센토사'

'평화와 고요함'. 말레이어로 '센토사'.
평화와 고요함으로 만들어진 이 작은 섬은 어느새 이곳의 행복으로 자랐다. 주말이 되면 센토사는 곳곳에, 심어지는 사람들로 무성한 숲이 된다. 평화와 고요한 섬 위에 열정과 명랑함이 더해지면서 센토사는 마치 팔방미인 같다.
이 미인의 매력에 취하다보면 센토사에서의 시간은 너무나 부족하고 섬을 빠져나갈 때면 자꾸만 뒤를 돌아보게 된다. 유니버설 스튜디오를 나올 때도 그랬고 언더 워터월드를 떠날 때도 그랬다. 가도 가도 항상 새로운 섬. 떠나도, 떠나도 언제나 아쉬운 섬.

이 섬에 있는 '이미지 박물관'이라는 곳이 있다. 중국인 · 말레이시아인 · 인도인 · 인도네시아인… 동상이몽 같은 이곳 사람들의 역사와 문화와 삶의 모습들을 필름처럼 늘어뜨려 놓은 공간. 박물관 안에 마네킹들은 항상 같은 시대를 살고 있다. 멈춰진 시간에 살고 있는 마네킹들이 부러워졌다.

내게도 내가 가장 그리워하는 시간들이 있다. 다시 돌아가고 싶지만 이젠 추억할 수밖에 없는 시간들. 한 손에 들어왔던 삐삐와 음성메시지를 듣기 위해 공중전화를 붙잡고 있던 그림들.
얼굴도 목소리도 모르지만 마음이 통했던 펜팔친구. 소박한 간이역의 풍경으로 데려다주었던 통일호와 비둘기호 열차.
항상 워크맨이 품고 있던 늘어진 최신가요 테이프. 그리움이 된 것들과 부대끼며 지냈던 우리들까지.

센토사는 하늘로 오르는 여러 가지의 길을 만들어 놓았다. 지상 110미터까지 오르는 센토사 스카이 타워. 센토사 섬에서 페버 마운틴까지 멀리뛰기 하듯 뛰어넘을 수 있는 주얼리 케이블카. 해변까지 미끄러지는 스카이 라이드. 수직으로 또는 수평으로. 바다건너 산으로. 다시 해변으로. 다양한 하늘 길을 보며 어떻게 가야할지 망설였지만 결국 모든 길을 걸어보았다. 아니 그럴 수밖에 없었다. 어느 길 하나라도 빠뜨린다면 후회할 것 같았다.
세상 모든 섬이 잠겨버리는 비극의 순간이 온다 해도 센토사, 너만은 그대로 이길.
이곳의 많은 것들이 변한다 해도 너의 평화와 고요는 변치 않길.

#057
언어의 동물

옆집에서 아기의 울음소리가 열어놓은 창 틈 사이로 너울너울 넘어 들어왔다.
엄마는 아기를 달래기 시작했다. 하지만 아기는 볼륨을 높인다.
결국 엄마는 아기의 마음을 헤아렸는지 아기는 서서히 볼륨을 낮추며
잠이 든 것 같다.

텔레비전에서 동물과 대화를 할 수 있는 하이디라는 여자가 나왔다.
그녀와 눈빛 마주침을 시작한 후 오랜 시간이 지나지 않아 거짓말처럼
상처받은 눈물에서 허우적대던 동물들이 마치 위로라는
손길이 닿은 것처럼 아물기 시작했다.
하지만 나는 너의 상처와 눈물을 멈추게 할 수 없었어.
너의 상처가 어디에서 비롯된 것이고 너의 눈물의 시작이 언제였는지
셀 수 없는 단어와 수 없는 언어들로 내게 자세한 지도를 그려줬지만
그럼에도 불구하고 난 다시 엇갈린 길로 내동댕이치고 말았어.

#058

운수 좋은 날

서울에서 귀한 손님이 오셨다. 이곳 방문이 처음인 분이라 기대감이 클 것이고 그 기대감에 반이라도 부응하려면 만반의 준비를 하는 것이 첫 손님을 맞이하는 사람의 정성이 아닌가 싶다.

짧은 일정의 방문이어서 제한된 시간 안에 많은 것을 느낄 수 있게 하려면 정성에 정성을 보태야 한다. 나처럼 기약 없이, 여행인지 체류인지 조차 구분이 안가는 일정에 익숙해져 있는 사람에게 제한된 시간의 여행은 이정표도 한 조각의 지도도 없는 상태에서 허허 벌판에 서 있는 것과 같은 막막함이 있었다.
하지만 다행스럽게도 손님은 이곳에 있는 장소보다는 사람살이와 사람에 더 관심이 많아 안도의 한 숨이 나왔다.

이곳의 어디를 둘러보는 것보다 그저 노상의 술집에 앉아 이곳 사람들을 눈 참견하며 맥주 한 잔 즐기고 담배 한 값이 얼마인지 알고 싶어 했다.
이곳 사람들의 숨 쉬는 방법과 눈을 뜨자마자 즐겨먹는 것이 무엇인지가 가장 큰 관심사였다. 그런 점에서 짧은 일정이라는 것만 제외하면 나와 비슷한 맥락이어서 모시기가 크게 어렵지 않았다.
과거와 현재와 미래를 술잔에 담아 기울이고 테이블에 엎드려 있는 안주들이 마치 식혀먹어야 제 맛인 양 오랜만에 술보다 더 독한 대화를 마셨다.
가게 문을 닫을 시간이라며 주인이 어려운 표정으로 말렸기에 망정이지 그대로 두면 날을 세어 버릴지도 몰랐다. 얼마나 독한 대화였는지 집 앞에 도착해 택시에서 내렸는데 지갑을 두고 내렸다는 것을 깨달으며 번쩍 정신이 들었다.
유턴해서 돌아가는 택시를 잡기 위해 고래고래 소리를 치며 달려갔지만 택시는 들리지 않는 모양이다.
아, 정말 운이 좋다. 마침 앞에서 택시를 잡는 사람이 나타난 것. 그 손님을 태우기 위해 택시가 섰고 난 지갑을 다시 찾을 수 있었다. 지갑을 받는 순간 운이 정말 좋은 날이라는 생각과 함께 새 지갑을 선물 받은 것보다 더 기분이 좋다. 진정한 행복은 뭔가를 얻는 것보다 내가 가진 작은 것이라도 잃지 않는 것이라는 교훈이 내 심연을 흔들었던 운수 좋은 날.

#059

물들이기

이곳은 봉숭아꽃을 기르기 좋은 곳입니다.
일 년 내내 봉숭아꽃이 피어나기 좋은 기후와 계절을 가진
이곳에 봉숭아 꽃밭을 기르고 싶습니다.
봉숭아 물든 손톱처럼 아련하게 아름다운 손톱을 본 적이 없거든요.
오로지 매니큐어만이 손톱을 꾸며줄 수 있다고 생각하는
이곳 사람들의 손톱에 봉숭아꽃을 심어주고 싶습니다.
분홍보다는 열정적이고 빨강보다는 수줍어할 줄 아는,
광택은 없지만 눈부시게 빛나고 윤기는 없지만 헐거워지지 않는
봉숭아물을 들려주고 싶습니다.
봉숭아 네일숍이라도 차리면 가능할 수 있을지도 모릅니다.
봉숭아 학당이라도 열어서 가르쳐주고 싶습니다.
봉숭아꽃과 잎을 넣고 백반을 넣어 곱게 빻아
애정으로 감싸주면 다음 날 사랑이 피어난다는 것을
어린아이 글자 깨우치듯 말입니다. 세상에 물들어도 좋은 것은
봉숭아뿐 인지도 모릅니다.

#060.

사랑과 이별의 수순

차곡차곡 짐을 싸고 가방 문을 닫을 때면 항상 뭔가 덜 넣었다는 생각에
불안해지곤 해. 아니… 이제 가져가면 안 될 것을 넣었을까,
내려놔야 할 것을 여전히 내려놓지 못하는 건 아닌지 그게 더 불안한 거야.

이곳에 온 이후로 비행기를 자주 타게 됐다. 예전에는 비행기 타는 일이
매우 특별한 일처럼 느껴졌는데 이제는 익숙한 탈 것이 되었다.
이런 익숙함과 더불어 생긴 습관 중 하나가 잘려진 비행기 티켓의 파편을 모으는
것이다. 어느 새 그 파편들은 모이고 모여 그간 비행을 한 횟수를
실감하게 해주고 있었다.
예전부터 이런 파편 모으는 것을 좋아했다.
영화티켓, 입장권, 영수증…내 서랍 한 편에는 이런 갖가지의 파편들이 옹기종이
더부살이를 하고 있고 이 파편들 덕에 내 흩어진 기억 속의 파편도
다시 조각 모음 할 수 있는 여지가 생긴다. 이따금 그 파편에 찔려 따끔거리는
기억도 있지만 금세 다른 파편이 상처를 덧댐 해주며 그래도 괜찮았다며 날
다독인다.

도착지는 항상 이곳이지만 출발지는 종종 다르다.
인천과 김해를 주로 이용하는데 이 두 도시는 참 섭섭할 거라는 생각이 든다.

이곳 공항에 도착하면 인천과 김해라는 이름은 온데 간데없이 사라지고 서울,
부산으로 전광판에 내걸린다.
둘째가라면 서러운 항만도시이면서 무역의 중심지이고 게다가 광역시라는
타이틀을 가진 인천임에도 불구하고 수도의 그늘에 가려 이곳 사람들에겐
그저 '인천=서울'으로 인식이 된다.
김해도 사정은 마찬가지. 유구한 가야의 정기를 이어받은 고매하고
숭고한 도시이지만 부산의 몸집에 치인다. 나는 분명히 서울과 부산의
경계를 넘어 인천과 김해에서 출발을 했건만 이곳 사람들이
기억하기 쉽도록 개명 당한 것이 못내 아쉽다.

엔진은 서서히 달아오르며 순간적인 폭발과 함께 지면에서 떨어지며 육로에서
항로로 이동한다. 비행기가 이륙함과 동시에 자연스럽게 창밖을 바라보게 된다.
잦은 이별임에도 떠나는 곳에 아쉬움을 남긴 사람처럼 뒤를 돌아본다.
마치 입맞춤을 떼어내듯 바퀴가 지면에서 떨어지는 순간 아쉬워진다.
그리고 그 아쉬움은 다시 도착과 입맞춤하면서 비행기의 진동보다 설렌다.
여행이 설레는 이유. 아쉬움이 남는 이유. 기념할 수 있는
무언가를 집어내고 내가 스쳤던 곳의 이름을 확실히 알고 싶은 이유.
여행의 이런 총체적 과정들이 사랑과 이별의 수순과 닮아있기 때문에.

#061

술래잡기

인연이 있을까요. 정말 내게도 인연이 찾아올까요.
인연이 있다는 사실을 믿고 싶어요.
그래서 빨리 찾아와 주면 좋겠어요.
인연을 기다릴 거예요.
나타날 때까지 꼭 기다릴 거예요.

이곳에서도 인연의 기도를 들었어.
누구든지 인연을 기다리고 있는 거야.
하지만 말이야.
모두가 기다리기만 하면 찾아가는 사람이 없잖아.
찾아다니는 사람도 기다리는 사람도 공평하게 반반.
이렇게 있어야 만날 수 있는 거잖아.
자…우리 어떻게 나눌까?
가위 바위 보? 동전 던지기?
아니면 남자와 여자? 그것보다 좋은 방법이 있어.
이제부터 서로 찾아다니면 돼. 그럼 언젠가 만나질 거야.
이제부터 기다리는 사람 술래.

#062

윔블던 우승컵

이곳에는 곳곳에 설치된 테니스 코트만큼이나 테니스를 즐기는 사람들이 많다. 뙤약볕과 습함에도 아랑곳하지 않고 테니스 라켓이 공을 튕겨내는 소리는 끊일 줄을 모른다. 심지어는 비가와도 테니스를 향한 열정은 식지를 않는다.

한국에서는 내가 초등학교 때 테니스라는 운동이 한참 유행이었고 고급 스포츠에 속했다는 기억 뿐. 난 배워본 적도 라켓을 들어본 적도 없어서 공을 튕겨내는 그 느낌을 모른다. 아마도 내가 좋아하는 야구 방망이가 공을 때려내는 느낌과 맞먹는 희열이 있지 않을까라는 짐작 뿐. 그러니까 내가 비가와도 뙤약볕에서도 야구를 즐기듯. 그들도 방식만 다를 뿐 같은 기분일거란 생각을 하니 미소가 지어진다.

하지만 이렇게 테니스 라켓을 놓지 못 하는데 왜 윔블던에서 우승 한 번 하는 사람이 안 나오는 이곳인지 의문이 생긴다.
중국에 있을 때 길거리, 공원 할 것 없이 놓여있는 탁구대가 올림픽 금메달을 휩쓸 수밖에 없음을 증명해주었다. 부산 사직 야구장의 응원은 우리가 왜 베이징 올림픽에서 금메달을 딸 수 있었는지 보여줬으니 너희들도 보여 달라고 말하고 싶었다.

집으로 돌아오는 길. 오늘도 테니스 코트에는 여전히 공 튀기는 탄력의 소리가 메아리를 치고 그 소리를 타고 땀방울이 코트를 넘어 쏟아진다. 그 소리에 이끌려 코트 안을 눈 참견하다가 어린 소녀와 눈인사를 했다. 자신의 몸의 반이나 되는 라켓을, 차마 쥐어지지도 않아 땅에 라켓 머리를 질질 끌며 괴롭히던 소녀는 뭐가 재미있는지 활짝 웃었다.

그래, 소녀야 이다음에 네가 보여주렴. 윔블던에서 우승컵을 든 모습을. 그리고 지금 웃었던 것처럼 다시 한 번 활짝 웃어주는 기야.

#063

우린 모두 알고 있잖아

밤이라고 하기엔 이르고 저녁이라 하기엔 늦은 시간.
또 수많은 생각의 가지들을 펼치며 집으로 돌아오는 길에 불쌍한 녀석을 만났다.
큰 개 한 마리. 마치 입에 손이 모자라 입으로 종이컵을 물고 있는 것처럼
주둥이에 입마개가 씌워져있던 녀석. 그 녀석과 눈이 마주치면서 순간 미안한
마음이 든다. 뭔가의 도움을 갈구하는 것 같은 그 모습에 떠밀려 줄을 쥐고 있는
주인과 대화를 할 수밖에 없었다.

"개가 입에 컵을 물고 있어서 답답해 보이네요."

"다른 사람에게 피해를 주지 않기 위한 외출 필수품이죠.
이 녀석은 너무 잘 짖거든요."

사람에게 피해를 주지 않기 위해 이 녀석의 산책은 얼마나 지옥보다도
두려운 시간일까. 보통 개라면 외출하는 낌새만 보여도 헉헉거리며
부산을 떠는데 바깥이 더 답답한 이 녀석은 얼마나 죽을 맛일까.
이미 말 못해 불쌍한 짐승이 항의하는 것조차 못하게 만든 주인이
야속하게만 느껴졌다.

하긴 그러고 보면 사람도 이 큰 개와 많이 다를 게 없지.
말 할 줄 알아도 못하는 말 많잖아. 그래서 가슴 저미고 답답하고 아픈 거잖아.
사랑한다고 말하고 싶은데 차마 하지 못 할 때.
보고 싶다고 말해야 하는데 말하면 안 될 때. 왜 그럴 때 있잖아.
가지 말라는 한 마디면 되는데 입에 종이컵을 씌운 적도 있잖아.
우린 다 알잖아. 그 큰 개의 마음. 그러면서도 모른 척하는 마음까지도.

#064

허브(Hub)

이곳에서 말레이시아는 버스로도 갈 수 있는 거리에 있다.
버스를 타고 30분 남짓이면 국경을 넘어 여권에 새로운 도장을 찍으며
신세계에 닿을 수 있다. 인도네시아 중 가장 가까운 곳은 배를 타고 30분
남짓이면 갈 수 있고 홍콩과 필리핀은 비행기로 3시간 30분,
베트남은 2시간이면 갈 수 있는 거리이다.

고속열차를 타고 서울에서 부산으로 가는 시간과 비슷하거나
더 빨리 갈 수 있다. 그래서 이곳이 '동남아의 허브'라고 불리기도 한다.
이곳에서 다시 깨달았다.
어딘가로 떠나는 것이 망설여지는 이유는
거리와 시간의 제한이 아니라 그리움의 부재라는 것을.
어디론가 떠나는 것이 설레지 않는 이유는 장소와 여정의
불만족이 아닌 사랑의 결핍이라는 것을.

그리움이 있어야 떠날 수 있다. 사랑이 사람을 떠나게 한다.
그리움이 없음은 갈 곳이 없는 것이다.
사랑이 없음은 갈피를 잃는 것이다.

#065

만남

이성과 이성이 만나면 사랑이 된다.
감성과 감성이 만나면 영혼이 된다.

#066.
어제 만났던 택시기사

이곳은 택시 잡는 것이 조금은 까다롭다.
버스 정거장처럼 택시 승강장이 정해져 있어서 도로변에서
아무리 손을 흔들어도 좀처럼 서 질 않는다.
때로는 택시 승강장을 찾느라 하늘색 셔츠가 파란색으로 변할 정도의
땀을 흘리기도 한다. 어렵사리 택시가 서서 엉덩이를 붙이려는데 내리란다.
교대 시간이 가까워져 목적지 부근이 아니면 내리라고 퇴짜를 놓는 경우도
자주 있다. 어제도 간신히 택시를 잡아탔다.
딱 봐도 내가 외국인처럼 보였는지 대뜸 묻는다.

"일본인인가요?"
"아뇨, 한국인이에요."

내 나라보다 남의 나라를 먼저 묻는 것이 썩 마음에 들진 않았지만 대화를 이어갔다.
이 기사 양반은 아마도 택시 기사가 천직인 것 같다.
손님과 이렇게 쉴 새 없이 얘기 할 수 있는 적극성과 큰 웃음소리에서 묻어나는
소탈한 성격은 영락없이 서비스직에 어울린다.
하지만 이 기사 양반이 택시 운전을 하게 된 계기는 의외면서도 어딘가 씁쓸한
생각이 들기까지 했다. 천직인 줄만 알았던 그가 머리가 파뿌리가 됐어도
택시 기사를 하면서 돈을 벌어야 하는 이유. 바로 도박이었다.

"퇴직금을 모두 도박으로 날렸어. 정말 순식간이었지.
그래서 지금 이렇게 택시라도 몰아야 해."

내가 묻지도 않은 자신의 아픈 기억을 웃으면서 들춰주는 그에게 고맙다고 해야
할지 미간을 찌푸리고 심각하게 걱정을 해 줘야 할지
택시 안에 내 감정과 마음이 갇혀버린 기분이었다.

"하지만 힘들다고 생각하거나 후회해 본 적은 없어.
난 그 돈을 잃었지만 즐거웠거든.
돈? 지금 택시 기사 월급으로도 충분해."

내 감정과 마음은 다시 한 번 택시에 갇힌다.
아까의 큰 웃음은 이제 해탈의 웃음으로 보이기까지 한다.
퇴직금을 잃고, 그것도 도박으로 잃었는데도 이렇게 의연하게 생각할 수 있다니.
이런 경우에 이런 마음가짐을 배울 점이라고 생각해야 하는지 아니면
미친 사람 취급하며 무시해야 하는지. 그의 택시를 타는 내내
난 택시에 갇힌 채 꼼짝할 수가 없었다.

"왜냐면 그래도 장성한 아이들과 아내는 아직 내 곁에 있으니까."

비로소 그는 그의 답안지를 보여주며 끝까지 풀어주지 않을 것 같은 내 생각과
감정과 마음을 풀어주며 목적지에 내려주었다.
그랬군요. 극도의 불행 속에서도 햇빛처럼 웃을 수 있는 이유는 바로 그거였군요.
내가 혼자인 이곳에서 외로움을 달랠 수 있는 이유와 같았군요.
당신도 그거였어요. 사람.

#067.

할 수 있는 것부터

외국에서 온 낯선 이방인은 이곳 사람들에게 어떤 시선으로
비춰질지 궁금할 때가 있다.
그들이 나를 봤을 때 느껴지는 것이 신비함일지, 측은함일지,
이도 저도 아니게 익숙함일지. 아마도 측은함에서 출발한 관심이 신비함을 거쳐
익숙해지는 것이 아닐까 싶다. 외국인을 보면 그렇게들 도와주고 싶은가 보다.
행여 자신이 알려준 곳으로 가다가 외딴 길로 빠지지 않을까.
물건을 사다가 바가지를 쓰진 않을까. 감기약을 알려주긴 했는데
소화제를 사진 않을까. 이미 길을 알려주고도 뒤따라와서 다시 한 번 알려준다.
이 물건은 아무리 비싸도 이 가격을 넘지 않는다고 한다.
감기약 회사 로고까지 그림으로 그려주며 같은 그림을 찾으라고 한다.
이젠 내가 할 수 있는 것임에도 불구하고 도와주는 것들에서 진정한 사랑을 느낀다.
따뜻한 밥 한 숟갈 떠먹여주는 것. 좋아하는 반찬을 골라 집어주는 것.
충분히 들 수 있다며 손사래를 치지만 그래도 대신 들어주는 것.
내가 할 수 있지만 네가 해주기에 더 고마운 것들. 할 수 없는 것을 도와주는 것보다
할 수 있는 것을 도와줄 때 사랑을 느낀다.

#068

배려

이곳을 돌아다니다 보면 많은 글씨를 볼 수 있다.
영어 · 중국어 · 말레이시아 어 · 힌두 어.
한 문장을 이 네 가지 언어로 표현해놓은 것이 많다.
보통 영어만 써도 다 알아보는 이곳 사람들이지만 일부러 이렇게 일일이
그 나라 언어로 적어놓은 글씨만 봐도 마음이 따뜻해진다.
배려. 내가 조금 번거롭더라도 너를 편하게 해주는 것.
비록 내가 영어를 할 줄 알아도 어설픈 발음과 비뚤비뚤한 내 모국어로
마음을 표현해 주었던 네가 더욱 기억에 남을 수 있었던 이유.

#069

봄

북극에도 봄이 온다는 이 황당한 사실을 아시나요.
이름만 들어도 추워서 옷이 여며지고 생각만 해도
머릿속에 팥빙수를 가득 담은 것처럼
덜덜 떨리는 그곳에도 봄이 오더라고요.
그렇다고 우리가 생각하는 것처럼 새싹이
파릇하게 피어나고 꽃이 만발하는 그런 봄은 아니에요.
하지만 그래도 봄이 오더라고요.
인생도 그렇잖아요.
봄날이 올 것 같지 않았던 우리의 인생에도
볕이 들고 꽃이 피는 걸 봤잖아요.
그 추운 북극에도 봄이 온다는데
우리 인생인들 못 올 리가 있겠어요.

#070

그대가 되길

직원 한 명이 갑자기 나오지 못할 것 같다는 전화가 왔다. 무슨 일이냐고 물었더니 아프다고 한다.
우리로 치면 연차와 같은 휴가를 자유롭게 쓰는 문화에 익숙해 있을 이곳 사람들이라 이해할 수 있었다.
아침에 일어나보니 몸을 가누지 못 할 정도로 아팠지만 꾸역꾸역 나가야했던. 그런 힘듦을 무릅쓰고 몽롱한 하루를 보내고 나면 그 하루가 내 것인지 타인의 것인지 조차도 모를 정도로 진이 빠져본 사람은 이해할 수 있다.
그런데 애완견이란다. 아픈 주인공이 자신이 아니라 자신이 아끼는 강아지란다.
갈림길에 서있는 나를 보았다. 어떻게 얘기를 해줘야할지 몰라 순간 정적이 흘렀다. 정신을 차려야만 했다.
이 소녀의 다급한 목소리는 내가 갈림길에서 망설일 수 있는 시간이 길지 않음을 느끼게 해주었다.
알았다고 했다. 나오지 않아도 좋다고. 전화를 끊고 생각했다.
그 소녀와 강아지를 떠올렸다. 내게도 그럴 때가 있었던가. 있었던 것 같기도 아닌 것 같기도 하다. 다시 갈림길에 섰다. 길을 찾고 싶었다. 아니 찾아야만 했다.
그 소녀가 부럽다는 생각이 들었다. 그토록 소중한 무언가가 있다는 것이. 그리고 그 소중한 것이 생계마저 뒤로 제칠 수 있는 용기를 줄 수 있다는 것이. 난 그럴 수

있을까. 내겐 그토록 소중한 것이 얼마나 있었을까. 그 소녀가 되어본다. 내겐 아무 것도 아닌 것이 소녀에게는 그 무엇보다 소중한 것일 수 있음을 깨닫는다.
내 기준을 너에게 잠시 빌려주는 것. 그리고 너의 기준을 가끔 빌릴 줄도 아는 것. 행복은 이렇게 작은 것을 주고받는 것.
항상 내가 되어 그대를 바라봄에 상처를 주었다. 나만 되길 원했기에 그대를 아프게 한다. 소녀의 강아지가 빨리 나았으면 좋겠다.

#071

겨울이야기

이곳에는 눈을 보지 못 한 사람들이 많다.
그리고 '눈 내림'을 보지 못 한 사람들이 많다.
눈 밟으며 잡은 손의 온기를 느껴보지 못 한 사람들이 많다.
눈이 사랑을 가져다준다는 걸 모르는 사람들이 많다.
"추우니까 감기 조심해"라는 말 한마디 해보지 못 한 사람들.
사랑이 춥지 말라고 목도리를 둘러 줘보지 못 한 사람들.
손 시린 사랑을 위해 장갑을 선물해 보지 못 한 사람들.
봄부터 뜨개바늘로 심은 사랑이 겨울이 되어서야 한 벌의 스웨터로 만개하는
웃음꽃을 모르는 사람들. 사랑이 있어 겨울이 따뜻함을 느끼지 못 한 사람들.
첫 눈 오는 날 그리움도 함께 오는 걸 모르는 사람들.
눈 내리는 크리스마스엔 사람이 선물이라는 걸 모르는 사람들.
눈 오는 날의 고백이 진심이라는 걸 모르는 사람들.

아쉽다. 눈이 가져다주는 사랑을 모르는 사람들이 있다는 것이.
추운 날이 더 따뜻할 수 있다는 걸 모르는 것이.

#072

콜라 반 캔

밤 12시. 갑자기 갈증이 밀려왔다. 하지만 물을 마시고 싶진 않았다.
느닷없이 콜라의 알싸한 느낌을 내 식도가 강하게 요구하고 있었다.
주변 가게들은 다 문을 닫았다.
하지만 집 근처 자판기가 여전히 영업 중이라는 사실에 안도했다.
그렇게 내 몸이 원하던 콜라였건만 한 세 모금 마시고 나니 더 이상은 싫다고 한다.
아깝다는 생각과 함께 식도에 배신감을 느꼈다.
기껏 이 야밤에 자판기까지 가서 사다줬건만.
오늘도 이렇게 콜라 한 캔을 다 마셔버리지 못했다.
항상 그랬다. 사는 순간부터 다 마시지 못 할 거라는 걸 알고 있었다.
결국 남은 절반의 콜라는 하루가 지나자 콜라의 본능이 사라져 버리고 말았다.
그래서 또 생각했다.
캔의 크기를 줄였으면 좋겠다고 생각했다.
하지만 그것보다 더 아름다운 방법은 반을 나누어 마셔 줄 사람이
생기는 거라며 콜라 캔을 물끄러미 바라본다.

#073

마음먹는 순간
조급해지는 거야

막 배가 아파올 때 있잖아.
그런데도 아직은 참을 만 할 때.
그리고 그냥 생각 없이 걸으면 아직까지는 괜찮을 때.
그렇게 괜찮은 줄 알았는데 'Toilet'을 보는 순간 갑자기 조급해지지.
그리고 한 발 한 발 그곳에 다가갈수록 더 조급해지지.
문을 여는 순간 그리고 점점 더 가까워지면 미친 듯이 조급해지지.
왜 그런 줄 알아? 눈에 보이는 순간 조급해지거든.
눈에 보이지만 않아도 참을 만 했는데. 모르고 살았으면 그냥 저냥 괜찮았는데.
알게 되는 순간 안 괜찮거든.
조금 불편했지만 그래도 다른 것에 집중하면 버틸 만 했는데.
듣는 순간 무너져 내리거든.
혼자라는 게 편하다고 자신하던 내가 너를 알게 된 후 한 없이
그게 불편해지는 것처럼. 긴가민가하며 느슨했던
내 마음이 네 마음을 알게 되는 순간 팽팽하게 당겨지는 것처럼.
오랜 시간 가슴 속에 묻었던 네가 꽃처럼 눈앞에 피어나는 순간
당장 꺾고 싶어지는 것처럼.
마음먹는 순간 몸도 마음도 비상이 걸리는 거야.

#074

간기

공부라는 것을 본분으로 살아가던 시절 싫어했던 과목 중에 하나가 생물이었다. 지구상에 존재하는 하나의 생물체로서 부끄러울 정도로 그 과목에 대해 관심이 없었다. 하지만 그 와중에서도 여전히 기억에 맴돌며 날 지탱해주는 가르침이 하나 있었다.

세포분열. 하나의 세포가 둘 또는 여러 개의 세포로 분열 또는 증식하는 현상. 그리고 간기. 세포가 분열을 일으키기 위해 준비하는 시간. 그래서 정지기 또는 휴지기라고 불리는 멈춰진 시간. 하지만 가장 귀중한 시간. 그리고 반드시 주어져야만 하는 시간. 인생에도 주어져야만 하는 시간.

인생은 쉽지 않아 때때로 견뎌야만 하는 시간에 놓이게 된다. 그 쓰디쓴 시간이 언제쯤 마침표를 찍을지 모르는 먹지 같은 마음이 들 때. 해낼 수 있을까라는 신호등 같이 깜빡거리는 변덕을 가지면서도 내가 하고 싶은 것을 해내기 위해서 내가 하고 싶은 사랑을 부여잡고 싶어서 마치 달고나 핥듯이 자위해야하는 시간. 그런 시간의 중심에서 넘어져 있을 때 학창시절 생물 교과서에서 마주쳤던 세포분열과 그 중에서도 간기라는 시간은 날 일으켜 세워주었다. 시련이 아니라 마땅히 거쳐야하는 간기라는 것. 잠시 정체되어 있지만 조만간 분열하며 성장할 나라는 것.

#075

슬리퍼 차림

이곳 싱가포르 사람들의 옷차림은 간소하면서 수수하다.
이곳에서 화장품 장사를 하면 망할 것 같다는 생각을 할 정도로 화장기 없는
얼굴이 대부분이다. 남녀노소랄 것 없이 반팔에 반바지, 슬리퍼 하나면 충분하다.
누구를 만나든 어디를 가든 나를 꾸미고 색칠하고 포장하는 것보단 만남
그 자체가 소중해 보이는 것처럼. 너무 반가운 나머지 사랑방에서 신발도 채
신지 않은 채 버선발로 날 맞이해주시던 할머니의 마음처럼 말이다.
아니면 내 꾸미지 않은 모습을 보여줘도 된다는 생각이 들 만큼 익숙해져 있는
것처럼. 익숙해짐이 편안함이 되어 미미한 긴장조차도 사라지는 것처럼.
오래 전 한 동네에 산다는 친구를 알게 돼 반가운 나머지
이렇게 얘기했던 것이 기억난다.
"우린 추리닝에 슬리퍼 차림으로 만날 수도 있겠어."
"그래, 우리가 좀 더 편해지면."

이곳 사람들처럼 슬리퍼를 끌면서 만날 수 있게 된다는 것.
내 발가락을 보여줘도 부끄럽지 않은 사이가 된다는 것.
신고 벗음의 빠름보다 보고 싶은 마음이 더 빨리 달려가게 되는 것.
발의 편안함보다 더 큰 안락과 안도와 안위의 우리가 되는 것.

#076

아무래도 좋아!

인파에 묻혀있는 거리에서도 눈에 띄는 것이 있다. 아무리 숨고 숨기려 해도 내가 반드시 찾아낼 수 있는 것이 있다. 물감을 덧칠하듯 가리고 꾸며보지만 난 언제나 알아볼 수 있었다. 이곳의 언어를 쓰고 이곳 사람들과 같은 행색과 옷차림을 하고 이곳 사람들이 좋아하는 음식을 즐기고. 그러면서 조금씩, 조금씩 스스로의 많은 것이 달라졌지만 그래도 난 알아볼 수 있었다. 언제 어디서 무얼 하든지 알아볼 수 있었던 한국사람. 당신이 나와 같은 곳에서 태어났고 그곳으로부터 별리되어 왔다는 사실을 알게 되었을 때. 내가 인사를 건네는 순간 반가운 표정일지 아니면 두 볼에 노을이 비치며 당황스러워할지. 아무래도 좋아. 먼발치에서 뒷모습만 봐도 내 사람임을 알아보는 것. 걸음걸이, 바람에 묻혀 날아드는 향수의 스침, 눈 깜박임처럼 짧은 지나침에도 너라는 걸 알아차리는 것. 책꽂이에 똑같은 책들이 빼곡히 꽂혀 있다 해도 단박에 내 책을 뽑아낼 수 있는 것. 탈의실에 걸려있는 유니폼의 소맷자락만 봐도 내 옷을 가려낼 수 있는 것. 눈에서도 마음에서도 떼어내려야 떼어낼 수가 없는 잃어지는 깃. 익숙함.

#077

말레이시아 같은 사람

이곳은 서울시 크기와 비슷한 작은 도시국가이지만
그 작은 땅덩이를 쇠똥구리처럼 잘 굴리고 또 굴려서 큰 나라가 되었다.
예전에는 이곳도 마약과 부정부패와 범죄가 득실거리는
희망이 없는 나라였지만 현명한 총리와 강력한 법규와 노력하는 국민들의
뒷받침으로 지금은 세계 금융의 중심이자 부유한 선진국으로 성장할 수 있었다.
법규가 어느 정도로 엄격하냐면 지하철에서 음식물을 먹거나
음료를 마시다가 걸리기만 해도 30만 원 정도의 벌금을 물어야하고
여전히 태형이 존재해 중죄는 태형의 강력한 형벌에 의한
공포와 고통으로 처벌하며 경각심을 일깨워준다.

이런 이곳 사람들이 자랑스럽게 내세우는 것 중 하나가
바로 안전한 치안과 거리의 청결함이다.
그도 그럴 것이 밤늦게 아낙네가 돌아다녀도 안전한 나라로 손꼽히고
실제로 대문을 열어두고 살아도 아무 문제가 없을 것 같은 안전감은 비단
나 혼자만의 느낌은 아니었다. 게다가 청결함은 이곳에서 덤 같은 존재다.

깨끗한 물은 말레이시아로부터 수입을 해서 쓰고 더러운 쓰레기는
다시 말레이시아로 수출해서 버린다. 아무리 말레이시아 땅이 넓다지만
남의 나라 쓰레기를 받아줄 만큼 마음이 넓은 건지
금전적·경제적 문제를 해결하기 위한 한 가지 수단인지는 모르나
참 대단하다는 생각이 든다.
하지만 상부상조의 의미가 있는 엄연한 수출과 수입의 거래를
누구를 욕할 수도 누구를 탓할 수도 없지만 이곳이 부러워지는 것은 사실.

내 마음과 머릿속에 꿈틀거리며 왕래하는 찝찝한 조각들도
이곳의 쓰레기 더미와 함께 구겨 넣어 멀리 멀리 국경을 넘어서까지,
다시는 찾지 못할 정도의 먼 곳으로 버려 버릴 수만 있다면.
아니면 마음에 가진 땅이 넓고 길이 좋아 내 이런 찌꺼기들과
아픔과 악취들을 다 받아줄 수 있는 말레이시아 같은 '사람'이 있다면.
그래서 내 마음에 맑은 물줄기를 흘려주며 깨끗이 씻겨내고 닦아주고
다시 윤을 내줄 수 있다면.

#078

왜 그러냐면

지나가는 오토바이 소리마저도 온 신경을 거슬리는 소음임에도
F1 경기의 굉음은 짜릿하게 느껴지는 건 왜 그럴까요.
옆집에서 삐질삐질 흘러나오는 음악 소리조차도 귀를 괴롭히는데
콘서트의 터질 듯이 울려 퍼지는 음파가 즐겁게 해주는 건 왜 그럴까요.
재잘거리는 뒷사람의 잡담도 짜증이 솟구쳐 오르는데
야구장의 허리케인 보다 강렬한 고함이 사랑스러운 건 왜 그럴까요.
아, 내 손에 티켓 영수증이 쥐어져 있었네요.
그리고 당신의 손도 쥐어져 있었네요.

#079

표현하라. 어떻게든

사랑은 표현하는 것이라고 흔히 얘기를 한다. 그래서 표현에 서툰 사람들이 사랑에 실패를 한다고 한다. 이 말이 이해가 가지 않을 때가 많았다. 우리는 세상 그 어느 것보다도 표현할 수 있는 능력과 방법이 많은데 서툰 표현으로 상처를 주는 것인지. 화교가 대부분인 이곳에 왔을 때 내가 싱가포르에 온 것인지 아니면 중국에 온 것인지 그것도 아니라면 제 3의 나라에 온 것인지 헷갈릴 때가 많았다.
이곳에 오기 전 내가 그렸던 이곳의 그림과는 너무도 많이 달라 내가 그렸던 그림을 지우느라 꽤나 애를 먹었던 것 같다.
이곳의 화교들은 중국인의 핏줄을 이어받았고 영어를 주로 중국어를 부수적 언어로 사용한다. 중국인들의 관습을 보존하고 중국의 명절을 지내면서 서양식 사고방식과 문화를 가지고 있다. 조상은 중국에서 태어났지만 스스로는 중국인임을 부정하는 이곳의 화교들의 머릿속에서 오히려 갈피를 못 잡는 것은 그들이 아닌 나였다.

이곳 화교들의 대화를 듣고 있으면 여러 편의 영화를 보는 것처럼 흥미롭다. 영어로 시작된 대화는 어느 구간에 다다르자 환승을 하는 것처럼 표준 중국어로 바뀐다. 그리고 다시 내려 중국 한 지방의 방언으로 갈아탄다. 그대로 도착지까지 가는가 싶더니 마지막은 다시 출발지인 영어로 하차하거나 표준 중국어로 되돌아온다.
로맨스인가 했더니 스릴러로 바뀌며 긴장을 가져다주고 간간히 코믹적인 요소가 피식 웃음을 터뜨리게 한다. 그리고 마지막에는 흥행수표인 반전을 가져다주는 영화처럼 이들의 대화는 이렇게 듣는 사람으로 하여금 입을 다물지 못하게 한다. 자주 명화를 보여주는 그들에게 내가 답장을 쓰는 것처럼 깜짝 선물을 줄 때가 있었는데 그건 내가 중국어를 쓰는 한국인이라는 사실이었다.

이곳에서는 대부분의 한국 사람이 영어를 쓰기 때문에 이곳 사람들은 쉽사리 한국인이 중국어를 능수능란하게 쓸 것이라는 상상을 못한다. 한참의 대화 뒤에 내가 한국인임을 공개하며 반전을 보여주면 놀라움을 금치 못하는 그들의 표정과 반응은 여전히 잊을 수가 없다.

표현이 서툴러서 사랑에 상처를 준다는 것이 핑계라는 것을 이곳의 화교들이 일깨워 줬다. 그들은 비록 중국인의 후손이지만 중국어에 서툴고 영어를 주 언어로 사용하지만 잉글리쉬보다 못내 조금은 아쉬운 싱글리쉬이기에 완전하지 못하다.

하지만 마라톤 같은 대화에서 지치는 순간이 올 때마다 물도 마시고 이온 음료도 마셔보고 그것도 안 되면 물 먹은 스펀지로 머리부터 온 몸을 적시며 완주하기 위한 힘을 쏟는다. 사랑스럽다. 비록 완전한 언어로 표현하지는 못하지만 마음을 표현하기 위한 마음 씀씀이가 느껴지며 따뜻해진다.

글로 표현하고 말로 표현하고 그것도 안 되면 몸으로도 표현하는 게 사랑. 글이 대화보다 더 강렬하게 심연을 흔들었을 때. 대화보다 진한 통화에 취해 미처 끊지 못하고 일출과 마주쳤던 기억과 백 마디의 말보다 한 번의 포옹이 모든 것을 대변해 줄 수 있었을 때. 세상 어디를 가도 보디랭귀지는 통한다는 진리와 비록 정숙하지만 그 어떤 대화 못지않은 크기의

볼륨으로 수화를 나누던 어느 커플.

이들을 통해 표현에 서툰 것이 아니라 내게 맞는 표현을 찾지 못했을 뿐이라는 것을 알았다. 사랑을 포기하기에는 너무 이른 우리.

#080

소심하게 사랑하라

사랑이 무엇이라고 묻는다면 난 이렇게 대답할 것 같다. 사랑은 하늘이라고. 어디를 가도 같은 하늘처럼 사랑은 언제 어디서나 같은 풍경으로 속삭인다고. 맑은 사랑도 비오는 사랑도 노을 진 사랑도 이곳의 하늘과 그곳의 하늘이 닮은 것처럼 닮아있지 않느냐고. 고개만 들면 마주칠 수 있는 것도 다를 게 없다고. 어느 곳의 사랑이든 어떤 사랑이든 그 존재 자체만으로도 하늘처럼 우러러 볼 수밖에 없는 것이라고.

유독 별자리 궁합을 좋아하는 이곳 사람들에게 혈액형 궁합을 알려주었다. 생소한 사랑 얘기에 들뜬 표정들 역시 하늘처럼 닮아있다. 혈액형 분석 시간이 끝날 즈음 이곳 사람이 내게 물었다.

"그럼 당신은 A형이라서 소심한 사람이겠네요?"
"그래요. 마음이 좁아서 한 사람밖에 들어올 수 없는 사람이기도 하죠."

223

#081

무서운 것

사랑은 뇌와 심장이 마비되는 것.
하지만 더 무서운 것은 그렇게 마비되어 간다는
사실 조차도 못 느끼는 것.

#082

인사

일주일에 이틀씩 아침에 사무실을 찾아와 청소를 해주는 노인이 있었다. 싸리 눈이 쌓인 것 같은 머리카락에 거무튀튀한 피부, 듬성듬성 빠진 치아 사이로 인생의 역경이 묻어나던 노인. 말없이 비질을 하고 걸레질을 하고 쓰레기통을 비운다. 항상 자신만의 청소 순서를 지키며 일하는 그에게 먼저 인사를 건넸다.
"굿모닝!"
그러자 노인은 구멍 난 치아가 더 선명하게 보이도록 웃으며 답한다.
"굿모닝…"
첫 인사를 주고받으며 그가 인사를 기다리진 않았을 까라는 생각에 괜스레 미안해진다. 미안함을 만회하고자 나는 한 번 더 얘기한다.
"어디서 왔어요? 이름은 뭐에요?"
"이곳 사람이에요. 어날러라고 해요."

어날러는 첫 인사를 나눈 후부터 올 때마다 먼저 내게 인사를 건넨다. 먼저 인사를 안 해줬더라면 큰일 날 뻔 했다는 생각이 들 정도로 인사성도 성격도 밝았다. 그리고 유독 내 자리를 더 깨끗이 청소를 해주는 것 같은 마치 특별대우를 받는 느낌까지 받았다. 그래. 그 역시 인사와 인정과 인간이 그리웠던 거야. 단독의 이방인이 애타게 찾는 그 맛이 그리웠던 거야. 인사를 건네는 것은 서로가 서로에게 솜이불을 덮어주는 거야.

#083

한낱 실오라기

지하철을 타려고 줄을 서 있는데 줄에 동참했던 한 아주머니가 전화를 받더니 행렬에서 빠진다. 그대로 가던 길을 가는가 싶더니 유턴을 해서 황급한 모양새로 돌아왔다. 그러더니 다짜고짜 내 앞에 서 있던 젊은 처자의 주변을 살핀다. 뭔가를 떨어뜨렸나보다. 나도 덩달아 뭘 떨어뜨렸나 두리번거리는데 다짜고짜 처자의 치맛자락을 움켜쥔다. 아! 젊은 처자가 치맛자락에 실밥이 머리카락처럼 흐느끼고 있는 걸 그냥 지나치지 못했던 것. 아주머니는 정성스럽게 실밥을 뜯어내더니 처자에게 보여주며 이것 때문이라며 실낱같은 미소를 보였다. 처자의 얼굴은 약간의 당황스러움에 물들었지만 그 색깔이 나쁘지 않아 보인다. 사랑은 어느새 가느다란 실에도 매달려 있었다. 옷감에서 뜯어져 나온 실밥같이 가늘고 누추해보여도 미소 지을 수 있는 것. 그것이 한낱 실오라기 같은 희망만 남았다 할지라도 붙잡는 순간 다시 사랑이 된다.

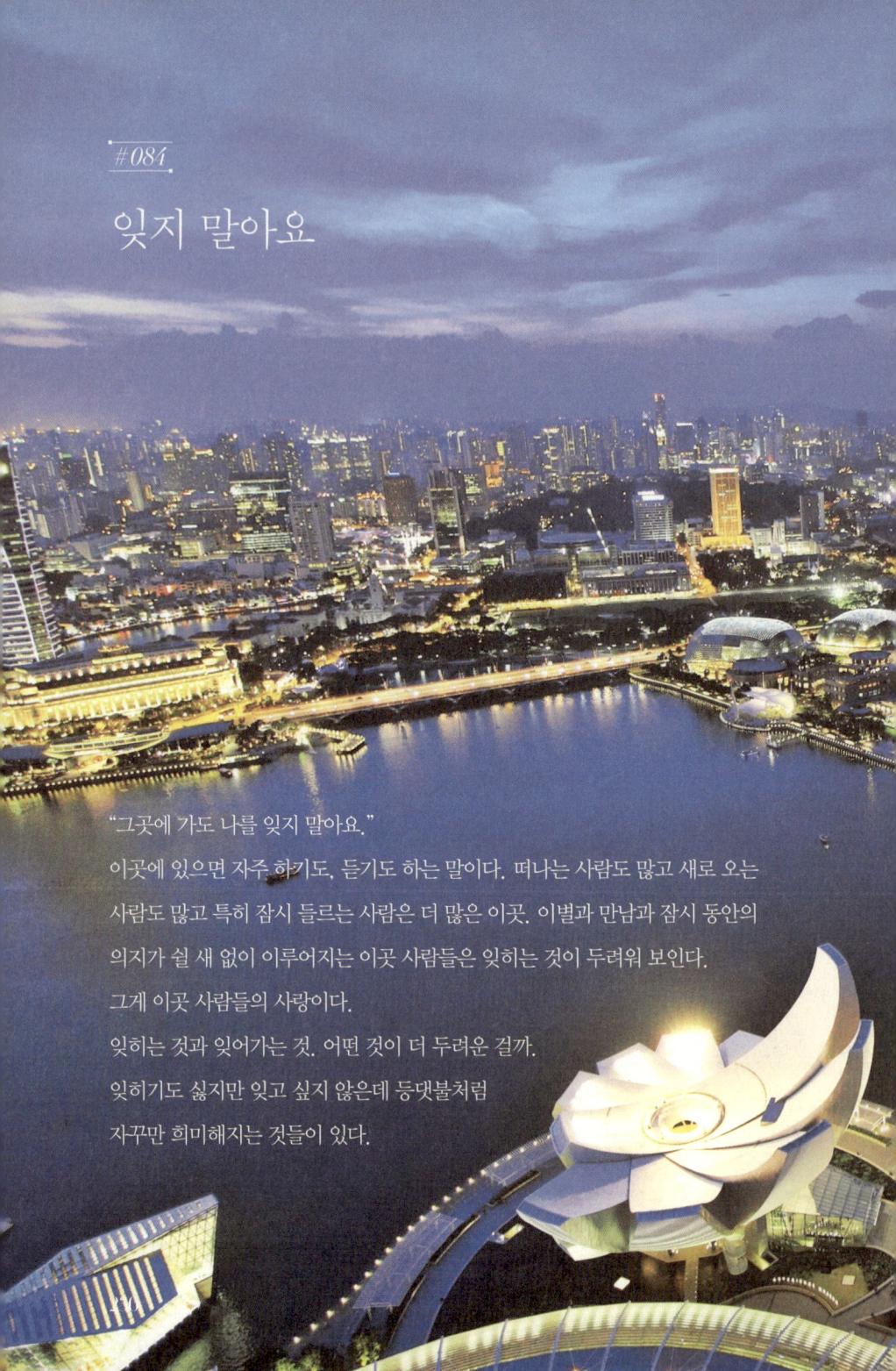

#084

잊지 말아요

"그곳에 가도 나를 잊지 말아요."
이곳에 있으면 자주 하기도, 듣기도 하는 말이다. 떠나는 사람도 많고 새로 오는
사람도 많고 특히 잠시 들르는 사람은 더 많은 이곳. 이별과 만남과 잠시 동안의
의지가 쉴 새 없이 이루어지는 이곳 사람들은 잊히는 것이 두려워 보인다.
그게 이곳 사람들의 사랑이다.
잊히는 것과 잊어가는 것. 어떤 것이 더 두려운 걸까.
잊히기도 싫지만 잊고 싶지 않은데 등댓불처럼
자꾸만 희미해지는 것들이 있다.

그렇게 잊히는 거야. 내가 좌지우지할 수 없어 조금은 수긍할 수 있지만 잊지 않으려고 발목을 부여잡는데도 자꾸만 멀어져 가는 것. 이대로 가다가는 일말의 기억조차 메마른 채 갈라지고 깨져버릴 것만 같다는 불안감이 엄습해 오는 것. 잃어버려도 돼. 단지 잊어버리지만 마. 잃어버린 건 다시 찾을 수 있지만 잊혀 버린 건 영영 안녕이잖아.

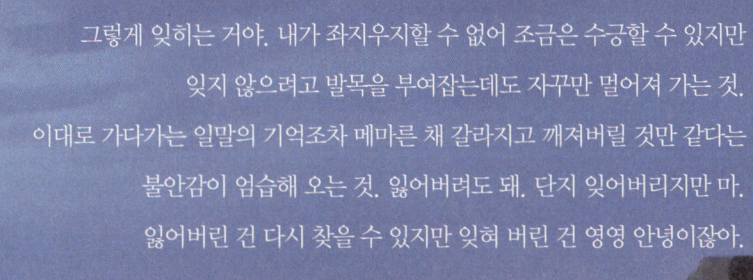

#085
거짓말

아침 일찍 일어나는 새가 먹이를, 벌레를 잡는다는 말이
거짓말인 이유는 늦게 일어나는 벌레도 심지어 야행성 곤충도 있기 때문이다.
기다리는 자에게 복이 있다는 말이 거짓말인 이유는 기다림에 지쳐 털썩
무릎 꿇어 본 사람들이 많기 때문에.
노력은 배반하지 않는다는 말이 거짓말인 이유는
노력으로도 넘지 못하는 벽이 도처에 널렸기 때문에.
최선을 다했다면 후회가 없다는 말이 거짓말인 이유는
최선을 다한 사람이 최후의 눈물을 흘리는 것을 수도
없이 볼 수 있었기 때문에.
사람은 망각의 동물이라는 말이
거짓말인 이유는 때로는 망각이 아닌
조각(彫刻)이 될 때도 있었기 때문에.
우리의 세상이 이렇게 거짓말투성인 것은 때로는
선의의 거짓말도 필요한 인생이기 때문에.

#086

엄마와 아이 1

버스를 타고 가던 어느 지루한 날. 평소에는 잘 하지도 않는
스마트 폰 게임을 하며 앉아 있는데 두 꼬마가 재밌어 보였는지
어느새 내 어깨에 찰싹 붙어 떨어질 생각을 안 한다.
그 광경을 뒤늦게 발견한 아이들의 엄마는 예의 없는 행동이라며
혼을 내지만 난 괜찮다며 미소를 지었다.
아이들이 다 그렇죠.
만약 다 큰 어른이 내 옆에 찰싹 달라붙어 내 핸드폰을
뚫어져라 보고 있었다면 오히려 난 뭐라고 했을까. 아이들이라서
나보다 부족한 사람이라서 나와 다른 사람이여서
더 쉽게 이해가 되는 순간도 많은데 종종 이런 순간을 먹지로 덮어버린 채
나와 다른 사람을 더 멀리 떨쳐내려 했던 기억이 미안함으로 다가오는 순간.

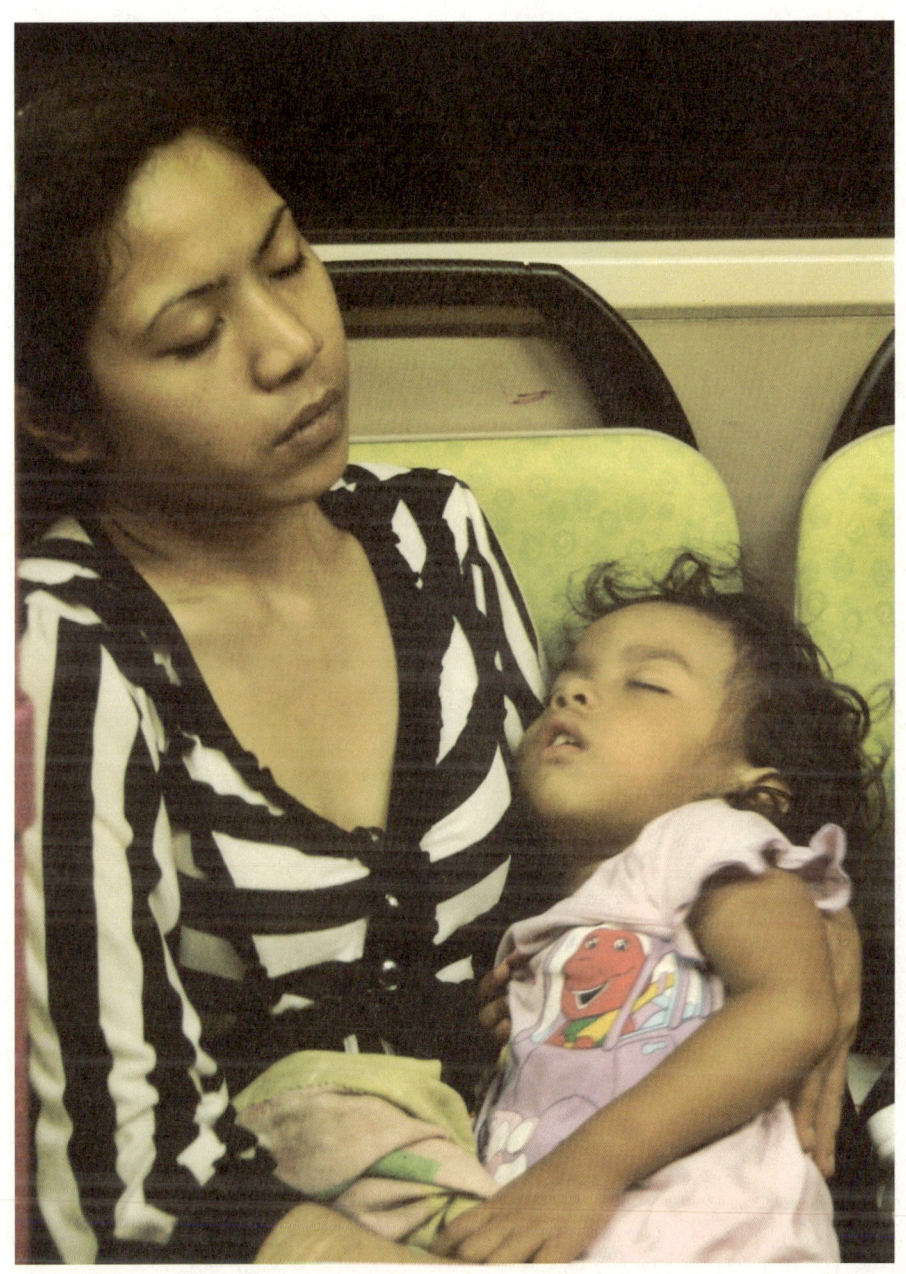

#087

엄마와 아이 2

그 엄마가 아이에게 다시 말했다.
누가 버스에서 그렇게 떠들래. 다른 사람들한테 혼나.
조용히 해야지.

꾸지람을 듣자마자 아이가 말한다.
어디요?
다른 사람들은 아무도 뭐라고 안하는걸요?
엄마만 뭐라고 하고 있잖아요.

엄마는 할 말을 잃었다.
다른 승객들에게 피해를 주고 싶지 않아 안절부절 하는 엄마.
하지만 정작 승객들은 아무 말이 없었다.
모두 하나같이 아이들의 소음과 번잡함에 미간을 찌푸리고 있음에도.
결국 엄마는 포기를 한 것 같다.
잠깐의 버스 안에서도 볼 수 있었던 총대 맨 사람의 곤혹.

#088

감사

외출을 위해 엘리베이터를 기다리는데 한 여인이
유모차를 밀며 조심스레 다가왔다.
엘리베이터를 잡아줬더니 찡긋 웃으며 말한다.
"Thank you."
내리면서 또 찡긋 웃는다.
"Thank you."
현관문을 열어주니 다시 찡긋.
"Thank you."
그 때 그 때 쉽게 해 줄 수 있는 말인데도 불구하고
항상 하게 되는 말. 고마웠어요.

#089.
역전 드라마

극적으로 골을 넣거나 점수를 얻어 이기면 역전 드라마.
질 것만 같았던 경기를 한 순간에 뒤집고 얻어낸 승리처럼 인생도
뒤집기를 바라는 사람들. 그래서 복권을 긁고 있는 사람들. 뒤집기를 바란다는 것은
자신의 인생이 질 것이라고 단정 짓고 살아가는 것.
이길 것이라는 희망을 품고 살아가는 사람은 역전 드라마를 꿈꾸지 않는 것.

#090

한국어의 우수성

한국어가 우수한 이유가 뭔지 아세요. 언어학자들이 과학적 언어라고 손뼉을 치는 그런 거 말구요. 같은 말이지만 수많은 표현 방법이 있어 감정의 티끌까지 끌어 모을 수 있다는 당연한 거 말구요.
수많은 외국인들로 둘러싸인 이곳에서 비밀스러운 얘기를 마음 놓고 할 수 있다는 거예요. 지금 당장 이 비밀을 얘기하고 싶은데 참지 않아도 된다는 거예요.
한국어는 그래서 영어보다 우수한 거예요. 여전히 우리만 풀 수 있는 암호 같이. 마법에 걸려있는 비밀스러운 말이라는 거예요.

#091

사람이 꽃보다 아름다운 이유

안치환님의 '사람이 꽃보다 아름다워.'라는 노래는
오랜 시간이 지난 지금에도 사랑받는 명곡 중의 명곡이다.
노래 제목부터 시적인 향기를 풍기는 이 노래.
그리고 사람이 얼마나 아름다운 존재인가를 느끼게 해주는 이 노래.
그날도 이곳을 조금씩 떼어내며 카메라에 담고 있었다.
하늘과 바다와 나무와 풀과 꽃… 아름다운 것들은 모두 담았다.
그때 건장한 나무 한 그루와 그 옆에 쓸쓸히 앉아있는 벤치.
왠지 잘 어울리는 사이인 것 같아 주저 않고 담았다.
주변을 한 바퀴 돌고 다시 돌아온 벤치.
두 연인이 앉아 쓸쓸했던 벤치의 허전함을 채워주고 있었다.
다시 렌즈를 조였다.
아, 아름답다. 조금 전 풍경보다 뭔가 모르게
꽉 찬 아름다움이 있다. 두 사람이 벤치를 채우면서 피워낸
사랑의 오로라는 자연도 변화시키고 있었다.
셔터를 힘차게 눌렀다. 이곳에서 사람이
꽃보다 아름다운 이유를 찾은 하루였다.

#092

익숙하다는 것

이곳에 올 때가 그랬어.
많이 설레고 많이 기대되고 많이 두근거렸어. 이걸 시작할 때도 그랬어.
그리고 너를 만날 때도 그랬어. 시간이 지났어. 그리고 모든 게 익숙해졌어.
그래서 더 이상의 설렘도 기대도 두근거림도 없었어. 익숙해졌다는 건 그런 거였어.
하지만 알게 되었어. 그래서 더 잘 알고 있었고 더 잘 할 수 있었고
 더 오래 사랑할 수 있다는 거였어.

#093

그럴 때

깜박하고 안경을 두고 나온 날.
선명하게 보이지 않을까 걱정하던 것이 오히려 다행이다 싶을 때.
흐릿하게 보이는 풍경이 더 아름다워 보일 때.
흐려졌으면 하는 기억들처럼 크럴 때.

#094.

베짱이의 사랑

개미와 베짱이 얘기를 모두 알고 있겠죠.
부지런한 개미는 더운 여름에도 열심히 땀 흘리며
식량을 모아 겨울을 잘 보낼 수 있었고
베짱이는 게으르고 게을러서 모아둔 식량이 없어
추위에 떨며 생고생을 했다는 동화잖아요.
게으른 사람은 성공하지 못한다는
교훈을 남겨주는 그런 내용이잖아요.
마음도 똑같아요.
마음이 게으르면 사랑받을 수 없거든요.
그래서 결국 얼어붙는 거죠.
마음이 잠들어버리면 사랑도 깨어날 수 없거든요.

#095

처음 그리고 마지막

인생을 살아가면서 해가 뜨고 해가 지는 것을 단 한 번도 보지 못하는 사람도
있을 터. 내가 타국에서 하루 이상을 머물게 되면
반드시 한 번은 하자고 스스로에게 약속했던 것 중의 하나가 그 나라에서 뜨는
해와 지는 해를 꼭 보는 것이었다.
이 약속을 하게 된 이유는 내가 찾게 된 새로운 나라의 하루가 어떻게 시작되고
어떻게 마무리를 맺는지 일출과 일몰의 기운을 통해 느껴보자는 의미였다.
이곳에서 일출을 보기에 좋은 곳이 내가 살던 동네와 가까이에 있어
자주 볼 수 있었다. 이스트 코스트 파크. 이곳의 동해안.
반대로 일몰이 보기 좋았던 곳은 센토사 섬의 일로소 비치.
두 해변에서 일출과 일몰을 보았지만 내 가슴엔 자주 마주쳤던
이스트 코스트의 일출보다 단 한 번의 스침이었던 일로소 비치의 일몰이
오히려 더 깊고 뜨겁게 파고들었다.

2012년 6월 6일 오후 7시 5분.
일로소 비치의 일몰과 가졌던 처음이자 마지막 만남.
일몰 시간을 미리 알아둔 덕에 난 그를 기다릴 수 있었다.
다행히 비는 오지 않았지만 두툼하게 끼어있는 구름이 그의 외출을 허락하지

않을까봐 노심초사하기도 했다.
내 이런 기다림을 너그럽게 봐주었는지 구름은 작게나마 주머니를 벌리며
그를 나와 인사 시켜 주었다.
반가웠다.
그의 외출에 대한 환영의 준비를 아무것도 해오지 못한 것에 미안한 마음도 들었다.
이미 벌겋게 익을 대로 익은 홍시처럼 허물어지며
그를 둘러싼 구름마저 감빛으로 물들인 채 바다로 향해가고 있었다.
배라도 한 척 빌려 석양을 향해 더 가까이 다가가고 싶다.
이 순간 시간의 흐름이 빨라진다. 하루 종일 건재하게 버티고 있을 것만 같던
태양이 곤두박질치는 것은 순식간이었다.
셔터를 누르는 내 손가락도 덩달아 급해졌다.
일로소 비치의 일몰은 여전히 가슴 속에서 끓고 있다.
아마도 내가 이스트 코스트의 일출보다 일로소 비치의 일몰을
더 사랑하게 된 이유는 이곳에서의 처음보다 마지막이 더 설레었기 때문인 것 같다.
처음과 마지막 중 어떤 순간이 더 소중하냐는 질문을 누군가에게 받는다면
나는 낭연히 마지막이라고 대답해 줄 수 있을 것 같다.
그리고 그 사람에게 일로소 비치의 일몰을 맑은 접시에 담아 가져다 줄 것이다.

#096

마지막

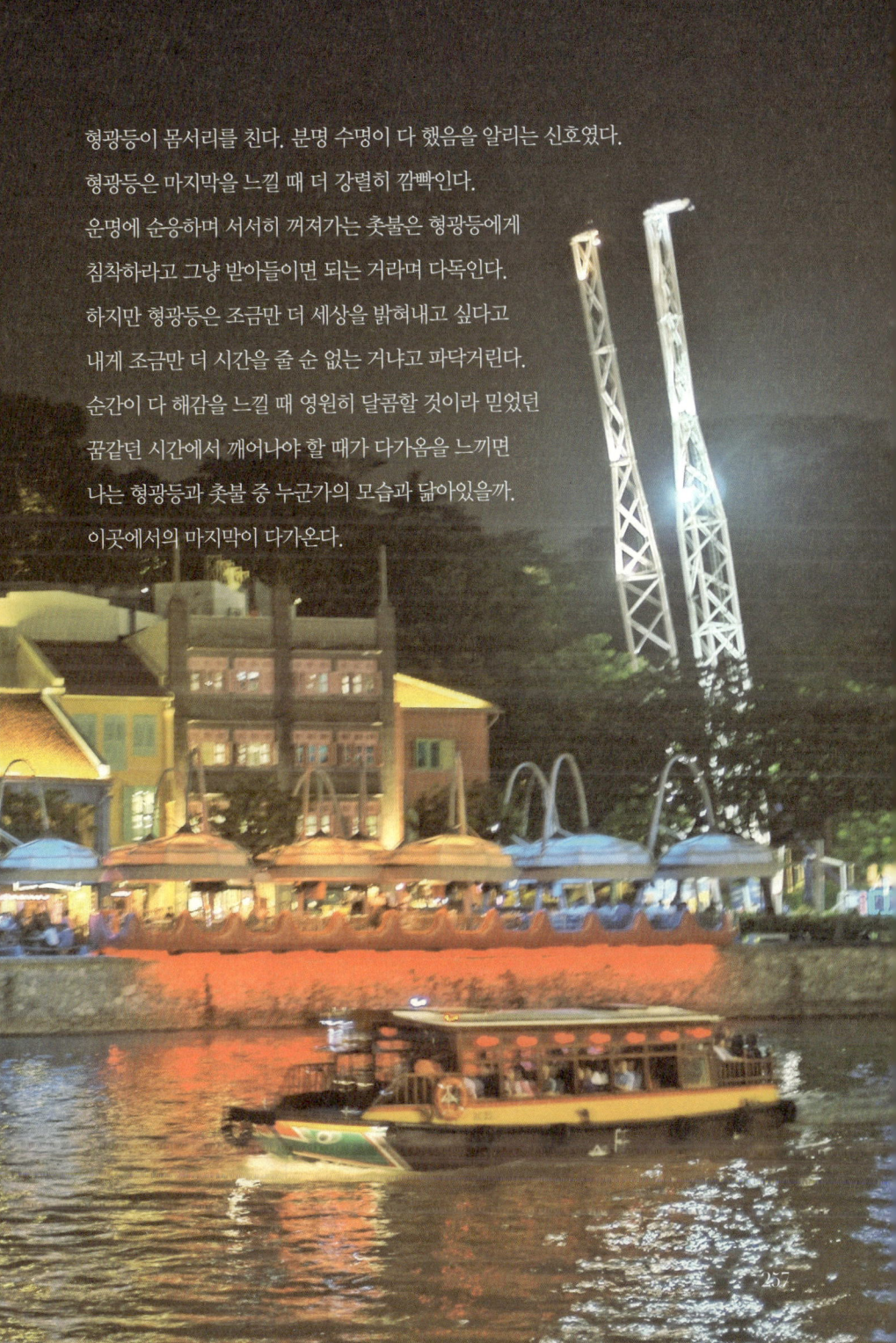

형광등이 몸서리를 친다. 분명 수명이 다 했음을 알리는 신호였다. 형광등은 마지막을 느낄 때 더 강렬히 깜빡인다. 운명에 순응하며 서서히 꺼져가는 촛불은 형광등에게 침착하라고 그냥 받아들이면 되는 거라며 다독인다. 하지만 형광등은 조금만 더 세상을 밝혀내고 싶다고 내게 조금만 더 시간을 줄 순 없는 거냐고 파닥거린다. 순간이 다 해감을 느낄 때 영원히 달콤할 것이라 믿었던 꿈같던 시간에서 깨어나야 할 때가 다가옴을 느끼면 나는 형광등과 촛불 중 누군가의 모습과 닮아있을까. 이곳에서의 마지막이 다가온다.

#097.

풍요 속 빈곤

비가 내린다. 때로는 고요한 사원처럼 때로는 행복한 연회처럼. 때로는 쓸쓸한 흉가처럼. 그렇게 비는 내린다. 한바탕 비가 내린 뒤 말끔히 씻어진 세상은 또 다른 세상이 열린 것처럼 시침을 떼기 시작한다.
비 개인 오후의 가로수 거리를 걷는다. 세수를 막 끝낸 기분처럼 걷는다.
이미 말끔히 그친 줄만 알았던 비가 다시 내린다. 아니었다.
가로수 아래만 비가 내린다. 가로수는 그쳐가는 빗물이 못내 아쉬웠나보다.
오전 내내 내렸던 빗물이 부여잡은 가로수 손가락 틈새로 새어나오며
다시 비가 되었다. 바람이 건들기라도 하면 소나기가 되어 내린다.
비가 개인 후에도 가로수는 여전히 비를 내리고 있다. 풍요 속 빈곤처럼.

#098

구분법

이곳에 일 년 남짓을 있으면서 반성하고 또 반성했던 것이 있습니다.
그것은 내 자신이 가식이라는 가면을 벗어던져 버리지 못 했다는 것과
내가 얼마나 자만적인 태도로 이곳에 머물었던가에 대한 반성이었습니다.
이곳에 머물면서도 내 자신을 버리지 못했고 새로운 것을 찾아왔음에도
그것을 오랫동안 받아들이지 못했다는 것에 깊은 반성을 했습니다.
내가 이곳의 구석구석을 돌아다니고 많은 새로운 것을 보고 먹고 느꼈지만
이곳 사람들과 같아진다는 것에 대해 거부감을 느꼈다는 것에 깊은 반성을 했습니다.
비록 이곳에 있지만 나는 한국 사람처럼 보이길 원했었고
그런 생각의 시발은 내 출신지에 대한 자신감에서 비롯된 자만이라는
깨우침을 얻었습니다.
그러다 보니 이곳에 살면서도 막상 이곳 사람으로 오해를 받으면
오묘한 기분을 느꼈던 시간들.
내가 가진 국적의 그곳은 이곳보다도 우월하다는 비뚤어진 자신감이
만들어낸 자만에 젖어있었다며 뉘우치고 또 뉘우쳤습니다.
입으로는 이곳 사람들을 이해하고 이곳 사람들로부터 배우며 터득하고

이곳에 동화되겠노라고 노래를 불렀음에도 불구하고 막상 이곳 사람이라는
오해를 받는 순간에는 썩 기뻐하지 않는 가식적인 사람이었음에
반성문을 암송할 수밖에 없었습니다.
내가 내 나라와 내 출신에 대해 자신을 갖는다는 것은
그것에 대한 존경에서 그쳐야지 내가 가진 것보다 못하다고 생각되는 것에
대한 무시가 아님을 알고 있음에도.
나는 내가 딱 봐도 한국 사람으로 보여 지길 은근히 바라고 있었던 것 같습니다.
자신감이라는 것은 내가 내 스스로에게 일방적으로 부여하는 것일 뿐.
남을 깔면서 가지는 것이 아니라는 것. 남을 깔면서 가지는 자만은 세상 어느 것보다
야만적이라는 것. 이 깨달음을 알기까지 꽤 오랜 시간이 걸렸습니다.
자신은 내 스스로에 대한 믿음임과 동시에 비단 내가 상대방의 처지가 되더라도
의연할 수 있는 것. 자만은 내 스스로의 믿음만 간직한 채 상대방의 처지가 되었을 때
화가 치밀어 오르는 것. 그래서 자신 있는 사람은 어떤 상황에 부딪혀도
미소 지을 수 있고 자만하는 사람은 자신의 틀을 벗어나는 순간 썩은 과일을
씹은 것처럼 인상이 구겨지는 것. 어떤 게 진심인지를 알았습니다.

#099

선택

선택이라는 것. 내가 무언가를 고를 수 있는
권리가 있다는 것이 과연 행복한 것일까라는 의문.
사랑을 바꿀 수 있는 건 선택할 수 있는
권리가 주어졌기 때문일 것 같다는 생각.
만약에 말이야.
태어날 때부터 반려자도 정해져있다면 어떨까.
그럼 사랑에 아파할 일도 누군가를 찾기 위해 지칠 정도의
여행을 떠나지 않아도 되는 거잖아.
그냥 내 운명이려니 하고 한 사람만 바라보면 편해지는 거잖아.
나랑 맞지 않는다고 마음에 들지 않는다고
버려버리거나 싫어졌다고 떠날 일은 없는 거잖아.

#100

꺼질 때

늦은 밤 혼자 터벅터벅 길을 걷는데 동행하던 가로등이 꺼질 때.
한참을 그리워하며 바라보던 그의 창문으로 스미어 나오던 형광등만 보고 있어도 설레고 있었던 그때. 그리고 그 등이 툭하고 꺼질 때. 바다라는 거대한 세상을 비추던 등대가 그 서막을 내릴 때.
무대를 벌겋게 달구며 배우의 열정을 태워주던 조명이 꺼질 때.
망망한 밤바다에 별처럼 걸려있던 어선들이 별을 감출 때.
칠흑같이 어두운 시골 밤, 먼 산에 아스라이 흔들리던 사찰의 툇마루 불빛이 꺼질 때.
베란다에서 마주보이는 바둑판같은 이웃들 창문에 걸려있던 흰 돌들이 검은 돌에게 서서히 밀려날 때.
글 속으로 빨려 들어가며 타자를 치는데 찾아오는 정전.
혼자 보면 슬퍼지는 꺼짐들.

#101

첩보영화의 한 장면

계절이 바뀌듯 이곳을 떠날 때가 됐음을 느끼기 시작할 무렵 난 허둥대기 시작했다. 일 년 남짓이라는 시간을 있었던 이곳을 내가 과연 다시 찾을 일이 있을까라는 의문에서 시작된 허둥댐이었다.
그래서 다시는 못 가볼 것 같은 곳을 다시 한 번 찾아 카메라에 좀 더 많이 담아 와야 할 것 같았다. 영영 느낄 수 없을 것 같은 향과 맛을 내 감각의 창문에 좀 더 진하게 묻혀놔야 할 것 같았다. 이곳이 아니면 구할 수 없을 것 같은 물건을 나보다 더 빨리 서울로 귀국시켜야만 할 것 같았다. 어쩌면 영원히 만나지 못할 사람들을 잊지 않기 위해 총명탕이라도 달여 마셔야만 할 것 같았다.
하지만 막상 가장 먼저 챙기는 물건들을 보는 순간 '그럼 그렇지!'라고 피식 웃으며 이 모든 불안을 툭하고 바닥에 내려놓았다.
내가 가장 먼저 챙겼던 것이 이곳에서 일 년 동안 내 발이 되어 준 표면이 닳고 닳아 허연 이빨을 드러내고 있는 지하철 카드와 남아 있던 지폐 뭉치와 동전들 그리고 휴대폰의 본업에만 충실하도록 만들어진 50달러짜리 노키아 휴대폰이었으니 웃음이 날 수 밖에.

첩보 영화에 감초처럼 등장하는 장면.
주인공에게 긴급한 임무가 떨어진다. 주인공은 신속히 자신만이 아는 장소에 숨겨

둔 곳에서 007가방을 꺼내 연다. 가방 안에는 수많은 국적의 위조 여권과 여러 나라의 지폐들이 열과 오를 맞춰 정렬해있고 가방 바닥을 한 층 들어내자 첩보원들에겐 일회용처럼 쓰이는 휴대폰들과 권총 한 자루가 독기를 품은 전갈 떼처럼 잠복해 있다. 주인공은 쓸 만한 것들만 잽싸게 골라 바람처럼 건물을 빠져나간다.

권총만 없을 뿐 내가 가장 먼저 챙긴 것은 첩보 영화 주인공의 필수품이었다. 언제라도 국경을 넘어 투입되어 바로 적응할 수 있도록 미리 준비될 최소한의 것들. 긴 시간이 흐른 뒤 국경을 넘어 이곳을 다시 찾았을 때 마치 어제도 그제도 이곳에 있었던 사람처럼 주머니에서 낡아있는 지하철 카드를 꺼내 입구를 통과하고 휴대폰으로 이곳의 친구에게 전화를 걸고 갑작스런 스콜에 편의점에서 우산을 살 수 있는 그 준비를 나도 모르게 하고 있었던 것. 그러니 웃음이 날 수 밖에.

#102

사랑이란…

A: (당황하며) 우리 너무…빠른 거 아닌가요.
우린 아직 서로를 잘…모르잖아요.
만난 지도 얼마 안됐잖아요.

B: (A의 눈을 바라보며 얼굴을 어루만진다.) 두려워
말아요. 그리고 당신의 주위를 둘러봐요. 그들이
가장 천천히 걸었던 사람과 살고 있나요. 가장 오래
알고 지냈던 사람과 평생을 약속했나요. 그토록
오래 지낸 연인과 부부들은 왜 이별하는 걸까요.

A: ……………

속도(速度)보다는 심도(深度). 그것이 사랑. 일 분을
만나도 사랑이고 한 시간을 만나도 사랑이고 단
하루를 만나도 사랑일 수 있는 것.
그런 영화 같은 사랑을 만나고 싶다고 해요.
하지만 당신이 그런 사랑을 만나지 못하는
이유는요.

막상 영화 스크린을 벗어나 현실로 다가왔을 때
당황한 나머지 매우 긴장한 모습으로
스피드 건을 쏘아대기 때문이라구요.
자, 이제 그 총 잠시 내려두고 초음파를 쏴 보는 건
어때요. 좀 빠르면 어때요. 깊이만 있으면 되죠.

#103

어른이래요

어른이 됐다고 했어요.
어느 순간 모두들 제게 어른이라는 명찰을 달아주더군요.
괜스레 신이 났습니다.
이제 많은걸 할 수 있다는 설렘도 있었습니다.
뭔가 많이 자란 기분이었답니다.
하지만 참 이상하네요.
어른이 된 나는 아직도 많이 서투니까 말이죠.
사랑에 서툴고 이별에 서툴고
새로운 것에 서툴러서 눈물을 흘릴 때도 있더라고요.
어른이면 다 잘 할 수 있을 줄 알았는데
그게 아니었나 봐요.
그래서 어른이라고 부르나 봐요.
어린이보다 아주 조금 더 성장했을 뿐이라
우린 '어른이' 인거죠.

104

비록

봄이 오지 않는 곳에 산다하여 별드는 행복감을 모를까.
여름이 오지 않는 곳에 산다하여 열정적인 사랑을 모를까.
가을이 오지 않는 곳에 산다하여 스산한 고독을 모를까.
겨울이 오지 않는 곳에 산다하여 시린 아픔을 모를까.
우리는 모두 알고 있어.
비록 단 한 번도 찾아오지 않았지만
네가 아름답다는 사실을 알고 있는 것처럼.

#105.1

충분히 기뻐할 수 있는 사람에게만으로

떠날 준비를 한다.
이곳에서의 시간이 얼마 남지 않았기에 다시 짐을 꾸린다.
짐을 꾸리는데 짐이 너무 많다.
이곳에서 1년이란 시간이 결코 짧지는 않았나보다.
짐을 최대한 줄이려고 안간힘을 썼다.
배송료도 배송료이지만 내 자신이 버거울 것 같았다.
놓아둘 것은 놓아두고 버릴 것은 버려야했다.
하지만 그게 쉽지는 않았다.
왠지 다시 아쉬워질 것만 같은 것들이 많았다.
이런 아쉬움들을 이겨내고 꽤 많이 줄인 것 같다.
하지만 이게 웬걸. 떠나는 날이 다가오면 다가올수록 짐은 더 늘었다.
아니, 짐이 아니라 선물.
알고 지냈던 사람들이 떠나는 사람에게 주는 선물로
택배 박스를 하나 더 살 수 밖에 없었다.
자신을 기억해달라고 또 우리의 시간을 놓지 말아달라며 주는 선물.
고맙기도 섭섭하기도 한. 이런 선물 때문에 늘어나는 짐이라면 얼마든지 좋다.

한 가득의 선물을 받으며 모두 같은 마음으로 감사하고 감동했다.
하지만 그 중에서도 유독 기억에 남은 선물이 있었다.
잠시 같이 일했던, 3주라는 시간을 같이 일했지만
내게 값진 선물을 건넨 '페이 원'.
디자인을 전공한 그녀는 내게 손수 만든 노트를 건넸다.
내가 좋아하는 흙색 종이에 빈티지한 무늬들로 꾸며진 세상에 단 하나뿐인 노트.

"왠지 당신이 이런 걸 좋아할 것 같았어요.
클래식한 디자인을 좋아하는 것 같더라고요.
사진 찍는 걸 좋아하고 글 쓰는 걸 즐기는 당신에게 딱 어울릴 것 같았어요.
내가 노트를 만들어주는 사람은 말이죠.
이 노트를 받고 충분히 기뻐할 수 있는 사람에게만 줘요.
비록 짧은 시간이었지만 말이죠."
고마워. 난 충분히 기쁘거든. 이 노트 한 권으로 인해
이곳에서의 시간들이 모두 소중해졌어. 그리고 기억할게.
충분히 기뻐할 수 있는 사람에게 주는 선물의 의미를.

#105.2

에필로그

이 책을 쓰면서 또 하나의 꿈이 생겼다. 그건 다름 아닌 책 같은 사람이 되고
싶다는 것이었다. 돌이켜보면 이 책을 쓰기 시작했을 무렵부터 내 모든 시각과
생각과 생활은 책 속에 끼워진 책갈피가 되었다.
내가 바라보는 지금의 풍경이 책의 한 페이지가 된다면 아름다울 수 있을까.
 내가 지금 만나는 사람이 내 글의 한 구절이 되었을 때 찬란한 빛이 될 수 있을까.
내가 느끼는 사랑들이 책을 통해 많은 사람들의 마음속에 더 큰 사랑으로
피어날 수 있을까.

책을 쓰면서 책이 되고 싶었다. 지금 내 책을 읽는 사람들에게 더 없이 큰 사랑이
되고 싶었고 오랜 시간이 지나 누렇게 색이 변하더라도 그 나름의 멋을 가진 책이고
싶다. 나 역시 내가 쓴 감정들과 생각들을 완벽하게 따를 수 있는 삶을 살고 싶고 내
글을 닮아가고 싶다. 그래서 한 글자 한 감정 한 생각들을 적을 때마다
온 힘을 다했고 더욱 심혈을 기울였던 것 같다.

이 책이 여행 수필이라고 자신 있게 말하진 못하겠다. 자고로 여행 수필이라면
예비 여행자들이 편하게 여행할 수 있는 정보가 많아야 하는데 이 책은 이기적이다.
단지 이곳에서 느꼈던 지극히 개인적인 감정과 만들어졌던 나만의 생각들로

이루어졌기에 작가로써 죄송하다는 생각도 든다.
하지만 그 와중에서도 내 감정과 생각들에 공감해줄 수 있는 독자 분들에게 감사하고
내 글에 남겨진 장소를 와보고 싶은 생각이 단 1초라도 들었던 분들에게는 황송하다.
내 부족한 생각과 관점들에 동의하며 잠시나마 함께 휴식을 취할 수 있었다는 것에
그러면서 우리가 같은 벤치에 앉을 수 있었다는 것은 참으로 큰 행복이 아닐 수 없다.

나는 여행자도 아니고 방황하는 시인도 아니다. 그저 생각하는 것을 좋아하고
느끼는 것을 좋아하는 지극히 평범한 사람일 뿐. 이곳에서 새로운 느낌을 찾았고
또 다른 생각을 얻어가며 나 혼자만 알기에는 아까운 깨달음들이 많았기에 함께
나누고 싶었을 뿐. 독자들에게 희망하는 것이 있다면 이 책을 읽고 난 후 책을 샀던
비용과 읽었던 시간들이 아깝지 않았다는 마음이 드는 것과 책꽂이의 한 공간을
차지함을 허락받는 것이다.

내가 만약 또 다른 나라로 가게 된다 하더라도 그곳에 대한 자세한 정보는
알려주지 못 할 것 같다. 단지 그곳에 대한 느낌과 그곳의 사람들로부터 옮은
생각들을 다시 정리하고 있으리라고 짐작될 뿐.

어떤 새로운 느낌과 생각을 찾기 위한 의무감으로 어딘가로 떠나지는 않을 것이다.
다만 운명에 이끌리고 내 처지에 이끌리며 떠나게 된다면 모를까.
내가 사는 작은 집과 내가 알던 오랜 친구들을 통해서도 많은 것을 배우고 느낄 수
있는 것이 우리의 삶. 그래서 나는 굳이 어딘가로 떠나고 싶다는 그리고 어딘가로
떠나야 한다는 마음을 먹지는 않는다.
다만 그 어딘가에서 손짓하고 그곳이 나를 원한다면 떠날 뿐.
새로운 진리와 상념들과 회상을 위해서 억지로 떠날 이유는 없다.

만약 내가 한국이라는 나라에 그것도
내가 태어나고 자란 작은 도시에
한 평생을 머물 수밖에 없는 처지가 된다 하더라도
난 눈을 감는 순간까지 느끼고 생각하고 배울 것이다.
바로 이곳에서. 그리고 당신들과 함께…

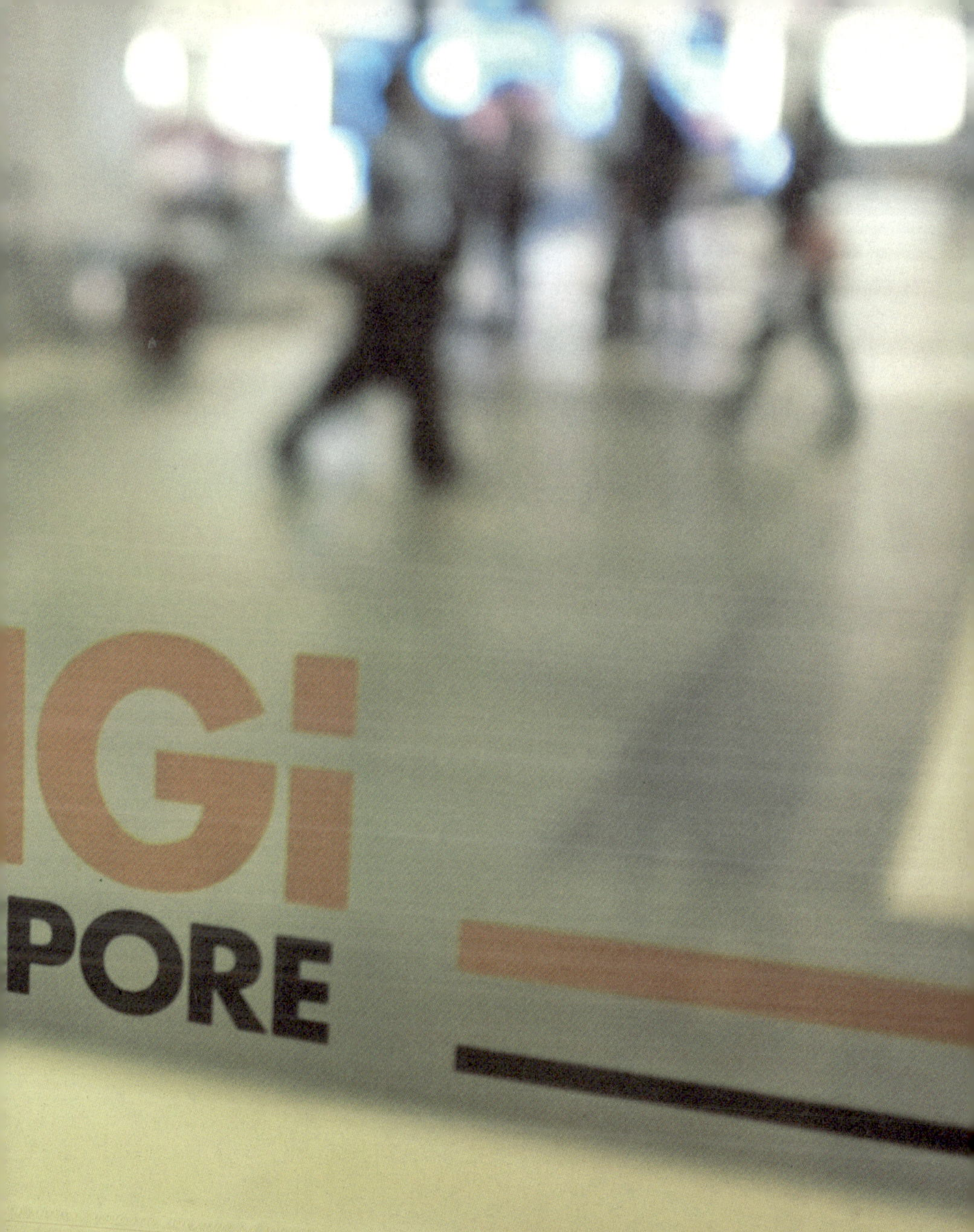
IGI
PORE

#Thanks to…

먼저 부족한 글이지만 세상에 태어날 수 있도록 도와주신 '여행마인드' 신수근 대표님께 감사드린다.
그리고 작업에 도움을 준 싱가포르에서 함께 숨 쉬었던 Willium과 종현이, 한인여러분 그리고 소재가 되어 준 싱가포르 국가와 국민들, 물심양면으로 도와준 얼짱 사촌 군섭이에게도 고맙단 말을 전한다.

잠들어있던 작가의 꿈을 흔들어주신 '한나프레스' 이건기 사장님과 격려해주신 오준 주싱가포르 대사님께도 깊은 감사를 표한다.

바쁜 일상 속에서도 항상 관심을 가져주신 '아모레 퍼시픽' 서경배CEO님과 임직원 여러분, '이니스프리' 안세홍 대표님을 비롯한 사우님들께도 너무나 감사하다.
인생의 큰 스승이 되어주시는 동국대학교 서태양 교수님과 한국체대 유도관 홍기영 관장님, 부산지방경찰청 민영웅님, 강정숙 여사님께 큰 절을 올린다.

지금까지 올 수 있도록 버팀목이 되어준 나의 가족들과 하늘에 계신 김재철님, 변하지 않는 벗 승용이, 남현이, 영민이, 회웅이, 범록이, 동현이.
그리고 독자 여러분께 이 책을 바친다.

2013년 4월
사람과 사람들 사이에서